rigées contre les meilleures patriotes, rapport dans lequel particuliérement l'analyse des événemens de la Vendée qu'il a presentée, prouve évidemment la fausseté de ces inculpations, la société en a ordonné l'impression, afin d'éclairer l'opinion publique sur la vérité des faits, qui ont servi de prétexte aux calomnies multipliées contre les patriotes. Signé, GOBERT, *Président*, GUILLAUMIN, *Sécrétaire*.

RAPPORT

SUR LES EVENEMENS

DE LA GUERRE DE LA VENDÉE.

ET LE PLAN D'OPPRESSION,

Dirigé contre les chauds républicains, suivi de plusieurs pièces intéressantes.

Fait à la Société des Cordeliers, dont elle a ordonné l'impression.

Par le citoyen MOMORO, *administrateur du Département de Paris.*

Bonis nocet, quisquis malis pepercerit.

CLUB DES CORDELIERS.

Société des Amis des droits de l'Homme et du Citoyen.

Extrait du procès-verbal de la séance du 24 nivose, an 2 de la République, une et indivisible.

Apres avoir entendu le rapport du citoyen Momoro, l'un de ses membres, sur l'importante discussion relative aux inculpations si gratuitement di-

A

Réflexions sur la nouvelle intrigue dirigée contre les patriotes.

Les masques vont donc enfin tomber ; et on reconnoîtra bientôt tous les intrigans et les ambitieux.

Assez et depuis trop long-tems le peuple souffre de l'orgueil d'une infinité d'êtres corrompus ou corrupteurs; il veut enfin voir un terme à ses maux. Il n'a pas fait la révolution, il n'a pas conquis la liberté, au prix de son sang, de sa fortune, pour n'en pas jouir enfin. Il est tems de déchirer le voile, et de mettre au grand jour toutes les perfidies, et les atrocités de ces égoïstes qui ne cessent de déchirer le peuple, par les tiraillemens les plus barbares. Il est tems de démasquer ces modérés, (et il y en a beaucoup), qui, sous un spécieux prétexte de justice, de sensibilité, de clémence, toujours saisi avec enthousiasme par les aristocrates, font tous leurs efforts pour donner au mouvement salutaire de la révolution, une impulsion rétrograde. Il est tems de démasquer ces intrigans, qui affectent des convulsions patriotiques, comptant par-là sans-doute gagner en un seul instant, le crédit et la réputation qui ne s'acquierent qu'avec le tems, et après de longues épreuves.

Il est tems de démasquer ces orgueilleux, qui, sans vertu, comme sans caractère, prétendent conduire, au gré de leur ambition, le vaisseau de la république, au milieu des orages qui agitent les flots de la révolution.

Il est tems de démasquer ces perfides personnages qui cherchent à ridiculiser l'énergie républicaine, par des persiflages, ou des sarcasmes.

Il est tems de démasquer ces hommes versatiles, cédant à toutes les circonstances, flottant entre tous les partis, sans oser s'attacher à celui de la liberté.

Il est tems de démasquer tous ces individus qui courent après leur réputation, et ceux qui les distribuent, en sacrifiant lâchement celles qui sont les mieux établies, à celles qui ne sont que l'ouvrage de l'intrigue.

Il est tems, enfin, de démasquer tous ceux qui oppriment le patriotisme, dans la personne de ses plus zélés défenseurs,

Tant de traitres, d'ambitieux ou d'imbécilesperdroient la chose publique, si on ne les arrêtoit pas dans leur course incivique, si l'œil surveillant du patriotisme ne portoit sur leur conduite, sur leurs actions, l'activité la plus grande,

Depuis quelque tems, le patriotisme sembloit altéré ; une sorte de stupeur s'étoit emparée des esprits. Par quelle fatalité cette énergie républicaine qui caractérise les patriotes, a-t'elle semblé un instant se paralyser ! Quoi ! pas un seul homme n'osoit découvrir l'abyme dans lequel on poussoit les républicains, et cependant les traitres conspiroient ouvertement.

Pour pressentir l'opinion publique, on a fait circuler des lettres anonymes, dans lesquelles on désignoit certains patriotes pour être mis en état d'arrestation, dans lesquelles on provoquoit à l'insurrection contre les défenseurs des droits du peuple; tantôt on disoit celui-ci arrêté, tantôt on indiquoit celui-là. Enfin on a employé tous les moyens possibles de calomnie ; plus de pudeur ! des êtres perfides ou étrangement abusés, osoient imprimer les absurdités, les plus révoltantes contre les plus zélés patriotes. A ces vils calomniateurs, se sont joints les aristocrates les plus caractérisés ; et bientôt ils ont fait avec Pitt et Cobourg, cause commune contre le patriotisme.

Arrivés à ce but, ils ont alors, les agens de cette petite cabale liberticide, mis en mouvement tous leurs complices. La haine a distillé les venins les plus dangéreux ; et bientôt plusieurs républicains ont été incarcérés.

Deux êtres, qui paroissent les agens principaux de cette intrigue, portoient depuis long-tems, dans leur cœur, la haine la plus marquée contre certains patriotes ; il ne leur manquoit qu'un moyen de la faire éclatter ; et ils l'ont eu bientôt trouvé.

De faux rapports présentés à la Convention en ont extorqué un décret d'arrestation contre *Ronsin* et *Vincent*; on connoît ceux qui ont provoqué ces décrets d'arrestation. . , . On sait que ce sont leurs plus cruels ennemis.

Sommes-nous donc au tems des proscriptions des Marius et des Sylla ? Quels peuvent donc être les projets de ces nouveaux oppresseurs? ont-ils résolu l'anéantissement de la liberté ? Les insensés ! ils se sont lourdement trompés! . . . L'oppression dirigée contre les patriotes assurera encore davantage la liberté sur ses bases inébranlables. Les vexations lui feront de nouveaux prosélytes ; les persécutions excitent l'indignation de tous les bons citoyens, et ceux qui ne s'étoient pas prononcés d'une manière aussi caractérisée, deviennent tout-à-coup, par les effets que ce sentiment produit dans leur ame, les plus zelés défenseurs des patriotes opprimés, et les amis de la liberté et de l'égalité.

C'est ainsi que le patriotisme prend de nouvelles forces, une consistance plus assurée. Les massacres du Champ de Mars, de Nancy, etc. ; ont désillé les yeux de beaucoup de citoyens, et rendu aux principes de la liberté, une masse considérable de François.

Qu'ils n'espèrent pas ces gens qui secondent si bien les projets de nos ennemis, en perpétuant parmi nous les divisions, qu'ils n'espèrent pas jouir long-tems des fruits de tant de forfaits. La loi égale pour tous, doit frapper les ennemis du peuple quelque part qu'ils soient.

Quand on voit figurer parmi les dénonciateurs, des gens qui ont trompé d'une manière si perfide la confiance de leurs concitoyens, qui n'ont affecté de prendre un instant leurs intérêts, que pour mieux les trahir; on est tout étonné que ces individus aient pu aussi tromper des législateurs, vrais républicains, vrais amis du peuple.

Que demandent les patriotes? . . . La punition des traitres et des conspirateurs, quelque part qu'ils se trouvent, quelque place qu'ils occupent. Ils n'ont jamais eu d'autres sentimens ; ils ne peuvent en avoir d'opposés à ceux-là. Mais aussi ils demandent que les patriotes ne soient pas plus long-tems les victimes des intrigans. La liberté d'un patriote est précieuse ; et quand on la lui ravit, sans cause légitime, on commet à son égard une grande injustice ; et toute la société lui doit assistance et secours.

Depuis quel tems ? . . Dans quelles circonstances, et sous quel prétexte ce genre nouveau de persécution s'exerce-t-il ?

Ces persécutions s'exercent depuis que les mesures révolutionnaires les plus énergiques sont décrétées et exécutées, depuis que les plus chauds républicains secondent si bien les mesures salutaires de la convention nationale ; dans des circonstances où tout cherche à conspirer contre notre liberté, au-dedans, où les tyrans coalisés qui ne peuvent nous vaincre, cherchent à ourdir dans notre sein les trahisons les plus infâmes ; dans des circonstances où les ennemis de l'intérieur s'agitent en tous sens pour perpétuer les troubles et les divisions ; dans des circonstances où le concours des lumières et de la surveillance des vrais républicains est si nécessaire, et où l'on craint tant cette surveillance active ; dans des circonstances où les comités révolutionnaires secondent si bien les efforts des bons républicains.

Et sous quel prétexte persécute-t-on ces patriotes ardens ; parce que, dit-on, ils sont ultra-révolutionnaires, parce qu'ils ne savent pas s'arrêter suivant l'ambition de ces messieurs, qui voulant s'ériger en régulateurs des mouvemens révolutionnaires, cherchent à les paralyser. Parce que ces chauds patriotes voient peut-être trop clair dans les dilapidations de certaines gens ; parce qu'ils demasquent les traîtres et les conspirateurs, parce qu'ils veulent la liberté pour le peuple lui-même.

RAPPORT

SUR L'ÉTAT POLITIQUE

DE LA VENDÉE,

Fait au comité de salut public de la conventionnationale; au conseil exécutif; et au département de Paris, suivi d'un discours à la société des Jacobins sur la nouvelle coalition formée contre les patriotes; d'une réponse à la lettre de Philipeaux, représentant du peuple, au comité de salut public, sur les évènemens de la Vendée; du rapport fait à la convention nationale à la fin d'août, (ancien style) sur Bourdon de l'Oise, par Bourbotte, député; d'un autre rapport sur la conduite de Rossignol, général en chef de l'armée des côtes de Brest, et des pièces justificatives.

Par A. F. MOMORO,

Administrateur du département de Paris, commissaire national envoyé en mai 1793 (vieux style) par le conseil exécutif dans les départemens de l'Ouest en proie à la fureur des rebelles.

Paris, le 22 du 1er mois de l'an 2e de la République une et indivisible.

DEPUIS près de trois ans, le germe de la rebellion étendoit sourdement ses profondes racines dans le département de la Vendée; et le Conseil exécutif instruit, à cette époque, des mouvemens des Rebelles, ou les méprisoit, ou les cachoit à la Nation; peut-être même les favorisoit-il?

Dans plusieurs endroits de ces contrées malheureuses, les signes de la rebellion se manifestoient; et les administrations de départemens, districts et communes ne prenoient aucunes mesures vigoureuses, pour réprimer ces premiers mouvemens ; sans doute ils les favorisoient aussi.

Des prêtres scélérats, abusant de la crédulité des habitans du pays, parvinrent à les soulever, au nom de la religion, contre l'autorité nationale. Mais ces prêtres, l'horreur de l'humanité, se tenoient cachés derrière le rideau, ainsi que les ci-devant, qui des quatre coins de la France accoururent en ce pays ; ils attendoient l'instant favorable pour paroître, et pour se mettre à la tête des paysans soulevés.

Dans ces entrefaites, un certain *Stofflet*, garde-chasse d'un Maulevrier émigré, s'étoit formé un parti considérable, à la tête duquel il s'étoit mis, et faisoit des incursions dans le pays, en pillant les propriétés, et forçant les habitans à marcher avec lui, pour soutenir, disoit-il, leurs droits, *leurs bons prêtres*, et venger la religion *outragée*.

Pour opposer une force imposante à ces brigands qui se répandoient de tous côtés, les départemens avoisinans, de Maine et Loire, des deux Sèvres, etc. envoyèrent des gardes nationaux pour les repousser. Plusieurs petits combats se sont engagés, et les succès obtenus dans ces commencemens, paroissoient annoncer la destruction prochaine de cette horde naissante de brigands. Ils étoient sans armes ; les gardes-chasse seuls avoient des fusils, et les autres n'étoient armés que de bâtons au bout desquels ils attachoient un morceau de fer ; ou ils étoient armés de faulx, de fourches, et autres ustensiles de ce genre. A cette époque, la moindre force agissante qu'on eût envoyée contre eux, les eût détruits entièrement ; ils n'étoient pas nombreux. Mais bientôt leur nombre s'accrut des brigands de la France qui y furent envoyés par les nobles et les prêtres, par les contre-révolutionnaires et la cour elle-même.

Bientôt on vit accourir de toutes parts des ci-devant gardes aux barrières, des commis aux aides sans places, des déserteurs, et des étrangers sans ressource, des prisonniers faits aux Autrichiens, et auxquels la Nation avoit accordé des secours honnêtes. Cette horde s'accrut encore des mauvais sujets de moines, de prêtres, de ci-devant, enfin de tous les amis des Émigrés de Coblentz, et des muscadins qui vouloient rétablir la royauté.

Alors tous ces mauvais sujets achevèrent de soulever les habitans de la Vendée, et se répandirent ensuite comme un torrent débordé dans le département de Maine et Loire et celui des deux Sèvres.

Jusques-là, les nobles et les prêtres n'avoient osé se déclarer les chefs de la rébellion, et se mettre à la tête des Rebelles. D'abord les habitans des campagnes ne s'étoient soulevés que pour venger la religion outragée dans la personne de leurs *bons prêtres*; il ne falloit pas leur parler de l'ancien régime, ni de la noblesse, ni de la féodalité; ils se trouvaient trop heureux d'être débarrassés et des corvées, et des redevances, et de mille droits honteux auxquels ils avoient été assujétis. Aussi, ces scélérats de nobles qui fomentoient la rebellion, sentoient bien que, si on leur eût parlé de faire revivre ces anciens abus, en demandant le rétablissement de la noblesse, ils n'auroient pu en venir à leurs fins, et que les paysans éclairés sur leurs vrais intérêts, appercevant le piège, auroient bientôt tourné leurs armes contre eux.

Mais, que firent ces nobles ? ils eurent la politique de s'oublier entièrement, de changer de costume, de prendre celui de ces paysans, de vivre avec eux, de manger le même pain, de coucher comme eux dans les bois, et de défendre comme eux la religion; d'assister régulièrement aux messes, de porter des chapelets, des reliquaires, de faire tous les jours deux fois la prière, de communier et de se confesser souvent. C'est par une conduite aussi hypocrite que ces nobles parvinrent à gagner la confiance de ces paysans, qui, trompés, disoient: *mais ils veulent être nos égaux, ils partagent nos peines et notre amour pour la religion; ils sont de bonne foi.*

Les mouvemens rebellionnaires se ménagoient suivant les circonstances, et on tâchoit de profiter adroitement de toutes celles qui pouvoient avec quelques apparences de vraisemblance les justifier. Par ce moyen, on parvint encore à mettre beaucoup de monde dans son parti ; bientôt les fermiers et les administrations perfides se rangèrent du côté des Brigands; bientôt des comités particuliers leur furent substitués, et bientôt ces brigands parvinrent à se créer une administration liberticide.

Les administrations de district et de département gardoient sur tous ces mouvemens un silence coupable, ou ne leur opposoient que des moyens impuissans. Le Conseil exécutif d'alors ne prenoit aucune mesure sérieuse et laissoit ignorer à la Nation qu'une guerre civile se fomentoit à l'Ouest de la France.

Cependant, comme la horde des Brigands prenoit tous les jours une nouvelle consistance, que les deniers de la Nation étoient volés par eux dans les caisses de district, que les impôts ne se percevoient plus, et que les départemens voisins étoient menacés de pareils mouvemens rebellionnaires, il a bien fallu en instruire l'Assemblée nationale. C'est alors que le Conseil exécutif songea à prendre des mesures sérieuses.

Berruyer fut envoyé, au commencement de 1793, dans la Vendée; on lui donna le commandement d'environ 3,000 hommes formés de divers bataillons de ces départemens, auxquels on joignit la 35e division de gendarmerie nationale qu'on fit partir de Paris, au mois de mars.

A cette époque, les Brigands s'étoient réunis à Chemillé, Saint-Pierre de Chemillé et Chollet; ils avoient deux ou trois pièces de canon, trouvées dans des châteaux.

Berruyer ne tarda pas d'aller chercher l'ennemi dans ses repaires; il attaqua Chemillé avec la gendarmerie nationale et emporta cette place; mais négligeant de poursuivre l'ennemi, les Brigands eurent le temps de se rallier plus loin et firent leur retraite dans les bois. La gendarmerie vouloit poursuivre ses conquêtes, Berruyer s'y opposoit. Les Brigands étoient commandés par Stofflet.

Bientôt Berruyer fut rappellé de la Vendée, et Leygonnier lui succéda. Celui-ci avoit un de ses parens parmi les Brigands, et il ne fit rien pour les battre; il est accusé d'avoir trahi la République, soit par sa lâcheté, soit par sa perfidie.

Un autre individu, nommé *Quétineau*, fut également accusé par les habitans du pays d'avoir livré Thouars aux ennemis, et d'avoir été la cause du massacre des Marseillois. Cet homme a cherché à se justifier ; il est actuellement détenu dans les prisons de Paris, et sollicite son jugement. S'il a trahi, que sa tête tombe.

Le département de l'Hérault appella le premier l'attention de la République sur la rebellion de la Vendée ; il donna cinq mille hommes pour combattre ces Brigands, et les riches furent mis à contribution pour les frais de cette levée. Bientôt Paris, imitant le dévouement du département de l'Hérault, fit sortir de son sein de nombreux bataillons pour exterminer les Brigands de la Vendée ; d'autres départemens suivirent l'exemple de celui de l'Hérault.

C'est à cette époque que le tableau de la Vendée devint plus intéressant, et que les grands mouvemens opérés depuis, ont pris un caractère de nature à fixer de la manière la plus sérieuse l'attention de la Convention nationale et de la République entière.

C'est à cette époque, singulièrement, que le nombre des ennemis s'est accru de beaucoup de mauvais citoyens désertés de nos bataillons, dans lesquels ils s'étoient glissés.

La destruction totale des Brigands paroissoit être l'ouvrage de deux ou trois mois au plus ; les bataillons des différens départemens se rendoient déjà dans la Vendée ; les côtes de la mer, par où les Brigands pouvoient recevoir des secours des Anglais, furent bientôt gardées par nos troupes, et une armée occupa les Sables d'Olonne ; une autre division gardoit Luçon et les passages qui pouvoient conduire sur les côtes ; une autre division fut placée du côté de Fontenay le-Peuple.

Avec ces différentes colonnes, on pouvoit garder les côtes de la mer, et empêcher toute communication de la part des étrangers avec les brigands ; c'étoit la conduite qu'il importoit sans doute de tenir à cette époque.

Il falloit aussi garder les passages de la Loire pour empêcher que l'ennemi ne pénétrât dans l'intérieur ; alors de nouvelles divisions furent placées du côté de

Saumur, Doué, le Puits-Notre-Dame, Montreuil, Thouars, le Pont-de-Cé, Saint-Georges, etc.

Nantes menacé par les Brigands devoit également être gardé : une armée, dite *des Côtes de Brest*, protégeoit cette ville, Ancenis et les rives de la Loire.

Telles étoient les dispositions que les Généraux avoient cru devoir prendre pour cerner les Brigands, garantir les Côtes de la mer et l'intérieur, en défendant le passage de la Loire : ces dispositions pouvoient être excellentes pour le résultat qu'on devoit en attendre ; mais il falloit en même tems attaquer l'ennemi, et il n'y avoit pas assez de forces pour le faire avec avantage, et sans compromettre le salut de la République ; c'est ce qu'on laissoit ignorer au Conseil exécutif, à la Convention nationale, ainsi que le véritable nombre des ennemis, soit qu'on ne le connût pas, soit qu'on n'eût pas pris toutes les mesures nécessaires pour s'en assurer.

Des députés de la Convention nationale avoient été envoyés dans la Vendée pour accélérer la destruction des Brigands.

Quelques commissaires nationaux avoient également été envoyés par le conseil exécutif pour tout observer, et rendre compte ; mais ceux-ci ne pouvoient que deviner les opérations, n'étant appellés à aucun des conseils tenus par les représentans du peuple et les généraux.

Les brigands voyant arriver de toutes parts de nombreux bataillons pour les combattre, se formèrent alors en armée, sous le nom *d'armée angevine et poitevine* ; puis quelque tems après, prirent le nom *d'armée chrétienne.* Alors, les nobles, qui jusques-là s'étoient tenus derrière la toile, se mirent en avant, et prirent le commandement de l'armée. Les Lescure, les Laroche-Jacquelin, les Laugrenière, les Beauchamps se partagèrent le commandement avec Stofflet; ils se firent chacun une armée, dont le noyau étoit composé de déserteurs, de moines, de prêtres, de nobles, et le reste de paysans du pays, appellés au son du tocsin par chaque commune, sous la conduite d'un chef, lorsqu'il y avoit une expédition à faire. Charrete étoit un de leurs chefs les plus cruels.

Des comités provisoires furent établis, à cet effet, dans les différentes paroisses, et des bureaux de correspondance créés pour concerter toutes leurs opérations et rendre compte des nôtres, au moyen des espions qui se répandoient dans nos camps et nos bataillons.

Alors les brigands se fortifioient dans Mortagne, Chollet et Châtillon dont ils avoient chassé tous les patriotes ; ils établissoient à Mortagne un moulin à poudre qui leur en produisoit journellement 80 livres très-chargées de souffre. La consistance que cette armée acquéroit tous les jours, fit enfin prendre le parti de l'attaquer sur tous les points.

Les brigands furent battus et mis dans la déroute la plus complette, aux environs du 15 mai, à Fontenay-le-Peuple, département de la Vendée ; on leur prit, dans cette action, presque toute leur artillerie, et notamment leur fameuse pièce appellée *Marie-Jeanne.* Si l'on les eût poursuivis sans relâches à cette époque, c'en étoit fait de la Vendée ; la rebellion étoit éteinte et la guerre finie. Mais les brigands ne se voyant point poursuivis, se rallièrent encore une fois dans les bois et se reportèrent en grande partie sur le département de Maine et Loire, pour y piller et incendier les propriétés des patriotes qui ne vouloient pas marcher avec eux.

A la fin de mai, les brigands se reportèrent sur Fontenay-le-Peuple dont ils s'emparèrent, par la faute de la gendarmerie à cheval qui n'avoit pas voulu, a-t-on dit, charger l'ennemi, comme elle le devoit.

Le ministre de la guerre avoit envoyé son adjoint, le citoyen Ronsin, pour parcourir tout le pays de la Vendée, et y prendre des renseignemens positifs sur la position des ennemis, la situation du pays et les moyens de le purger de tous les brigands qui l'infestoient.

Cette course patriotique se faisoit avec succès, les renseignemens les plus précieux étoient pris, et Ronsin, revenant de sa mission, s'arrêta à Saumur, pour communiquer aux représentans du peuple ses observations, et le plan qu'il avoit fait tracer de la situation de la Vendée et de la position de l'ennemi.

Biron, commandant alors en chef de l'armée des côtes de la Rochelle, étoit attendu depuis quelques jours à Saumur, pour y concerter un plan de campagne, afin d'attaquer les ennemis en masse; il y arriva dans les premiers jours de juin. Ce plan fut arrêté avec les généraux en présence des représentans du peuple, et son exécution devoit être très-prochaine. Biron retourna à Niort, quelques jours après.

Mais bientôt l'ennemi, instruit qu'on alloit l'attaquer de toute part, chercha lui-même à nous attaquer du côté de Saumur.

Le 5 juin, il se présente aux Verchers, et après plusieurs heures de combat, il s'empare de ce poste.

Leygonnier qui commandoit la division, étoit à Doué, dans la plus grande insouciance. On ne sut que très tard que ses avant-postes avoient été attaqués et repoussés, et qu'il n'avoit pas envoyé les secours nécessaires, et à temps, pour les soutenir.

L'ennemi enhardi par ce premier succès, se porta plus avant, et vint attaquer l'armée à Doué, d'où il la repoussa le 7 juin sur Saumur, où il s'avança jusqu'à une lieue de distance, et d'où il fut repoussé des hauteurs de Bournan. L'insouciance de Leygonnier étoit la même; mais l'indignation du soldat augmentoit, en voyant ce général ne prendre aucun parti vigoureux pour repousser l'ennemi.

La déroute la plus complette s'étoit mise dans l'armée, et les représentans du peuple ainsi que le général Menou firent tous les efforts possibles pour rallier l'armée sur les hauteurs de Bournan, ce qu'on parvint enfin à faire. C'est ici le cas de dire que les députés Richard, Choudieu, Bourbotte, Thureau, Tallien, ont bien fait leur devoir, et ont constamment soutenu les Sans-Culottes.

Les représentans du peuple, témoins de la conduite de Leygonnier, le destituèrent le 7 juin, et confièrent le commandement de l'armée le 8 à Menou.

Ce nouveau succès avoit encore accru l'audace de l'ennemi ; il résolut de se porter sur Saumur, et il attaqua et prit cette ville le 9.

Dans ces entrefaites, l'armée de Thouars avoit reçu ordre de se porter promptement sur Saumur ; elle se mit en marche, mais elle ne put passer Montreuil, où l'armée ennemie, composée de près de quarante mille hommes, l'attaqua la nuit du 8 au 9 juin, à onze heures et demie du soir, avec l'acharnement le plus vif.

Cette armée de Thouars, composée d'environ cinq mille hommes, étoit commandée par Salomon ; elle se battit en héros, et tua près de quinze cents brigands ; mais ne pouvant résister au nombre, elle fut forcée de se reployer sur Thouars, d'où elle se rendit à Niort par Parthenay.

Cette jonction n'ayant pu s'opérer avec l'armée de Saumur, cette ville étoit devenue plus difficile à défendre ; on n'en avoit pas assez fait pour la mettre à l'abri de l'invasion de l'ennemi.

Des redoutes placées sur le grand chemin ne pouvoient la garantir de cette invasion : enfin Saumur fut attaqué avec chaleur ; le combat fut sanglant ; les bataillons de la formation d'Orléans s'y distinguèreut, ainsi que la trente-sixième division de gendarmerie, et les nouveaux bataillons de Paris firent tous leurs efforts pour soutenir le choc de l'ennemi.

Saumur devenu en la puissance des brigands, les troupes se reployèrent, partie sur Tours, partie sur Angers et partie sur Niort.

L'ennemi se porta de suite sur Angers, au nombre de quatre à cinq mille hommes seulement, et le général Barbasan qui y étoit avec quatre mille hommes, se retira de cette ville sans vouloir la défendre.

On croyoit alors que la horde des brigands se porteroit sur Tours ; on le craignoit ; mais l'armée *chrétienne* n'osa pas sortir de ses genêts et de ses bois : c'est alors que la réflexion que cette conduite présente naturellement, devoit engager les généraux à rallier promptement l'armée, et à harceler l'ennemi par-tout où il se trouveroit.

Biron fut instruit de la prise de Saumur le sur-lendemain, et il ne prit aucune mesure pour remettre entre les mains de la république cette ville importante à conserver, à cause du passage de la Loire ; il prit seulement des mesures pour assurer Niort, où il y avoit alors environ dix-sept mille hommes de troupes.

Pendant ce temps-là, l'armée des Sables ne remportoit que des victoires ; trois fois elle battit l'ennemi, et l'empêcha de tenter le passage des côtes.

Saumur fut quelques temps après évacué par l'ennemi ; les troupes de la république vinrent s'y établir. On auroit pu, quelques jours avant cette évacuation, saisir dans cette ville tous les chefs des brigands qui se voyoient abandonnés par l'armée rentrée dans ses foyers.

Bientôt de nouveaux bataillons arrivèrent à Saumur ; on les fit camper sur les hauteurs de Bournan, ils étoient sous le commandement du général Santerre.

Biron vient à Saumur ; un nouveau plan de campagne est concerté, et les bataillons doivent attaquer Brissac, Vihiers, Coron, Chollet et Mortagne.

Biron fait mettre l'armée en marche, et au lieu d'attaquer directement, à partir du point de Saumur, il la fait passer par Angers pour revenir sur Brissac et attaquer Vihiers : ce fut les 15, 16 et 17 juillet que cette opération se fit. Les deux premiers jours, l'armée remporta des succès, et le troisième elle fut mise en déroute à Vihiers. La Barolière commandoit d'une part ; Menou de l'autre.

On s'est plaint que le premier n'a pas fait, pour battre l'ennemi, ce qu'il auroit pu et dû faire ; le second a été blessé.

Pendant ce temps-là, l'armée de Niort restoit dans l'inaction.

La commission centrale des représentans du peuple étoit à Angers ; elle fut bientôt instruite de la déroute de l'armée, et elle se porta de suite à Tours.

Les ennemis n'avoient point poursuivi nos colonnes, ils étoient au contraire rentrés dans Coron, Chollet et Mortagne.

Par cette déroute, Saumur se trouvoit encore une fois livré à l'ennemi qui pouvoit s'en emparer très-aisément, puisqu'il n'y avoit plus aucune force, et que les habitans du pays même avoient quitté leurs foyers.

Dans cette circonstance, résolus de défendre le passage de la Loire, par tous les moyens qui pourroient être en notre pouvoir, nous quittâmes Angers, pout nous rendre à Saumur avec le général Ronsin. En chemin on nous disoit que l'ennemi étoit dans Saumur, ce qui nous fit prendre des précautions de prudence pour nous en assurer. Nous y arrivâmes le lendemain; l'ennemi n'y étoit point, mais la ville étoit abandonnée; il n'y restoit aucune autorité constituée, aucune force qu'un seul bataillon placé dans le château, et qui manquoit encore de vivres et de munitions de guerre pour s'y défendre.

Rossignol fait général de brigade, et revenant de Paris, y arriva le même jour. Nous nous concertâmes avec le maire qui étoit seul resté pour mettre Saumur à l'abri de l'invasion de l'ennemi. Bientôt, cette ville, par nos soins, fut approvisionnée de munitions de bouche et de guerre; on y fit venir des troupes; bientôt la confiance renaissant, les habitans rentrèrent dans leurs foyers; de nouvelles redoutes furent construites à la hâte, les ponts furent coupés, et des mines établies de toutes parts ramenèrent une confiance parfaite, et mirent Saumur à l'abri de l'attaque des ennemis.

Pendant ce temps-là, l'armée se réorganisoit; la conduite de Byron s'éclairoit; de nouveaux généraux étoient désignés pour remplacer les généraux traîtres ou suspects; et on n'attendoit plus que l'instant d'une réorganisation parfaite et l'arrivée de l'armée de Mayence, pour attaquer l'ennemi.

Rossignol remplaça Biron; ce ne fut qu'avec les plus vives instances que les patriotes parvinrent à l'engager à accepter ce poste périlleux; il s'y refusoit constamment.

A cette époque de nouveaux préparatifs se faisoient pour attaquer l'ennemi ; de nouveaux secours arrivoient de Paris en artillerie, en munitions et en armes.

Rossignol alloit visiter les différentes divisions de l'armée, pour déterminer ensuite le plan d'attaque générale.

Alors l'intrigue s'agitoit, et les amis des nobles et des Byron, étonnés de voir un Sans-Culotte à la tête de l'armée des Côtes de la Rochelle, firent tous leurs efforts pour lui enlever la confiance du soldat, et le perdre dans l'opinion publique ; à ses détracteurs se joignirent deux représentans du peuple, Goupilleau de Fontenay et Bourdon de l'Oise, qui le suspendirent arbitrairement de ses fonctions, à Chantonnay, et lui enjoignirent de se retirer à vingt lieues de l'armée. Mais bientôt la convention nationale, instruite de la vérité des faits par l'organe même du représentant du peuple, Bourbotte, qui en avoit été témoin, renvoya Rossignol à ses fonctions.

L'armée de Mayence arrivoit en poste à Saumur ; un décret l'avoit réunie à l'armée des Côtes de la Rochelle, sous la commandement du général de cette armée.

Le représentant du peuple Philippeaux étoit venu précédemment de Nantes, pour solliciter un secours de plusieurs mille hommes, pour augmenter les forces destinées à la défense de Nantes. On ne pouvoit lui accorder de secours, attendu que les forces de Saumur étoient trop peu nombreuses, et que les préparatifs se faisoient pour une attaque générale, qui mettroit Nantes à l'abri de toute insulte de la part de l'ennemi, et Nantes avoit déja battu les brigands.

Les représentans du peuple qui étoient à Saumur, firent valoir ces observations, de manière à persuader tout autre que le citoyen Philippeaux, qui n'ayant pu obtenir ce qu'il demandoit, se transporta sur le champ à Paris, pour solliciter du comité de salut public ce secours. Il paroît qu'il a présenté sa demande au comité, de manière à lui persuader que le salut de la république et l'extinction des brigands de la Vendée, dépendroient absolument des mesures que l'on prendroit pour mettre Nantes à l'abri de toute invasion.

En conséquence, le comité de salut public réunit l'armée de Mayence à celles des Côtes de Brest, sous le commandement de Canclaux, général en chef.

Cette nouvelle disposition contrarioit singulièrement les mesures projetées pour attaquer l'ennemi en masse à Mortagne, par Saumur; les représentans du peuple près l'armée des côtes de la Rochelle, et les généraux surpris de ce qu'on enlevoit par ce moyen l'armée de Mayence à celle des côtes de la Rochelle, résolurent de dépêcher un courrier extraordinaire au comité de salut public, pour lui faire des observations essentielles à ce sujet: le général Joly fut chargé de cette mission.

Pendant ce temps, l'armée de Mayence restoit à Saumur, et attendoit qu'on la conduisît à l'ennemi qu'elle brûloit d'attaquer; son départ même fut retardé de quelques heures, pour attendre le résultat des observations présentées au comité de salut public. Le général Joly ne mit point de célérité dans sa mission; il resta deux jours de plus et rapporta des ordres confirmatifs des premiers. L'armée de Mayence partit donc de Saumur pour se rendre à Nantes.

Dans ces entrefaites, un conseil général de guerre se tint; il étoit composé de neuf généraux et de onze représentans.

De grands débats eurent lieu dans ce conseil, et les avis furent partagés par moitié, plus une voix.

Les onze représentans, à l'exception d'un seul qui ne voulut pas voter, et de deux autres qui votèrent pour que l'on marchât sur Mortagne, par Saumur, délibérèrent dans ce conseil de guerre, quoiqu'un décret positif défendît à tout représentant de s'immiscer dans les opérations militaires, et ils l'emportèrent sur l'avis des généraux qui vouloient qu'on attaquât Mortagne par Saumur, n'en étant éloigné que de quinze lieues; et de ce côté seul, Mortagne étoit attaquable. En conséquence, il fut arrêté qu'on attaqueroit Mortagne par Nantes, que les différentes divisions de l'armée partiroient chacune à des époques déterminées, pour se rendre, à tel jour également déterminé, sur Mortagne. Il fut convenu que ce plan seroit littéralement exécuté.

Une copie de ce plan fut remise à chaque général divisionnaire. Rossignol en envoya une copie au comité de salut public avec ses observations.

Bientôt de toutes parts les préparatifs se font pour marcher sur l'ennemi, aux termes des arrêtés du conseil de guerre. Les colonnes commencent à s'ébranler. L'armée de Mayence, réunie à celle des côtes de Brest, part de Nantes, marche sur Clisson, Montaigu, et ne rencontre que de légers obstacles qu'elle a bientôt dissipés; elle prend en chemin plusieurs pièces de canon, délivre des prisonniers et marche, précédée de la victoire, sur Mortagne.

Le général Canclaux commandant cette armée écrivoit à Rossignol, pour lui demander où étoit l'ennemi. Rossignol répondoit, qu'effrayé par l'armée de Mayence, il s'étoit jetté en masse sur lui.

En effet, les brigands fuyoient devant cette armée composée de 27 mille hommes environ.

Précédemment, le général Tuncq qui s'étoit trop imprudemment avancé dans le pays ennemi, du côté de Chantonnay, en laissant sa gauche et sa droite à découvert, avoit éprouvé un échec considérable qui ne dérangea cependant pas le plan de campagne qui devoit être exécuté, ainsi qu'il avoit été arrêté.

Le général Chalbos, seulement, avoit plus de précautions à prendre pour suivre la marche qui lui étoit indiquée par ce plan. Le général Canclaux en étoit instruit.

Un contingent considérable s'étoit réuni à nos bataillons de Saumur, de Doué, de Thouars, d'Angers, de Fontenay-le-Peuple, de Niort, de Parthenay, etc. Près de 300,000 hommes, appellés par le tocsin, formoient ce contingent, armé partie de fusils, et partie de faulx, de fourches et d'autres ustensiles de ce genre; tout nous promettoit une victoire certaine, et la défaite absolue des brigands ; il suffisoit de vouloir les vaincre, et ils étoient vaincus.

Nos bataillons renforcés de ces contingens, se mettent en marche et battent l'ennemi, les deux premiers jours, par-tout où ils le trouvent. La division de Thouars lui prend des canons et des munitions, après l'avoir mis en déroute ; celle de Doué lui prend également des canons et brûle plusieurs villages ; celle d'Angers, partie du pont de Cé, bat également l'ennemi ; celle de Fontenay s'avançoit, sans rencontrer d'obstacles, sur la Chataigneraie, lorsque tout-à-coup Chalbos, sur une lettre mal entendue, arrête la marche de sa colonne, malgré les instances des représentans du peuple, et envoie au général Rossignol un courrier pour lui faire part de l'incertitude dans laquelle cette lettre l'avoit jetté. Rossignol, étonné, indigné, renvoie sur le champ un courrier au général Chalbos, pour lui ordonner d'aller en avant, en lui témoignant toute sa surprise de la conduite contraire qu'il avoit tenue, lorsque deux lettres précédentes, et celle-là même, lui enjoignoient expressément d'exécuter le plan et de marcher.

Nos colonnes, jusques-là victorieuses sur les rives de la Loire, éprouvèrent alors quelques échecs.

La colonne de Doué commandée en chef par le général Santerre, après avoir brûlé près de quinze lieues de pays, s'étoit avancée sur Coron où elle avoit pénétré et d'où elle avoit chassé l'ennemi ; mais bientôt cette colonne fut obligée de retourner sur ses pas et de laisser quelques pièces de canon dans des chemins étroits d'où on ne put les retirer. Le contingent attaché à cette armée n'avoit point suivi les bataillons à Coron ; ce que l'ennemi appercevant, fit volte-face, et revint attaquer nos soldats dans cet endroit dont il se rendit maître. La déroute se mit alors dans les bataillons, et les contingens prirent la fuite au premier coup tiré sur eux ; quelques braves gens seulement restèrent et se réunirent aux bataillons qui vinrent aussi-tôt occuper les hauteurs de Vihiers où ils se rallièrent, d'après les invitations des généraux et des représentans du peuple qui, depuis trois jours, suivoient les opérations de cette armée. La retraite alors se fit avec quelqu'ordre sur Doué où d'autres bataillons s'étoient mis sous les armes pour arrêter les fuyards, afin de ne pas aller jetter l'allarme dans Saumur, ce qui nous auroit absolument perdu.

La colonne de Thouars qui se trouva sur la gauche de Doué, commandée par le général Rey, battit l'ennemi et n'éprouva aucun échec. Elle s'étendit au contraire sur Montreuil, et le Puits Notre-Dame, pour renforcer celle de Doué, et couvrir par ce moyen Saumur et le passage de la Loire.

La colonne d'Angers, commandée par le général Duhoux, n'étoit pas aussi heureuse; après deux jours de succès, tant à Saint-Lambert, qu'à Chemillé, elle se trouve presque totalement anéantie, battue par l'ennemi, tous ses équipages, toute son artillerie prise; deux cents hommes seulement s'étoient soustraits à la fureur des Brigands, et avoient passé le pont de Cé, qui fut aussitôt coupé pour que l'ennemi ne pût y aborder. Effectivement les brigands qui avoient voulu poursuivre les débris de la colonne, furent obligés de s'arrêter aux buttes d'Érigné, jusque-là prises et reprises tour-à-tour.

Ces revers inattendus; et l'inaction dans laquelle la colonne de Châlbos étoit restée, empêchèrent la jonction avec l'armée des côtes de Brest.

Le général Rossignol instruisit aussitôt de ces revers le général Canclaux.

L'armée des Sables en éprouvoit aussi; Mieskouski avoit été battu par l'ennemi.

Beysser, commandant une division de l'armée des côtes de Brest, venoit d'essuyer également un échec; l'avant-garde elle même de l'armée de Mayence avoit été obligée d'abandonner son artillerie et de se reployer sur le corps d'armée, pour s'être avancée trop imprudemment, et avec trop de sécurité dans des chemins coupés, dans des bois et des ravins.

Dans l'une et l'autre armée, par une fatalité inconcevable, on venoit d'éprouver des échecs, et cependant l'ennemi ne gagnoit aucun terrein.

C'est

C'est alors que l'on sentit combien avoient raison les généraux, qui vouloient qu'on attaquât en masse Mortagne par Saumur; c'est alors que les représentans du peuple près l'armée de Mayence, écrivirent à Rossignol qu'ils mettoient en lui tout leur espoir.

Nos colonnes, à l'exception de celle de Duhoux seulement, pouvoient remarcher sur l'ennemi, et réparer promptement les échecs qu'on venoit d'éprouver; mais il falloit de l'accord dans les opérations.

L'armée de Brest étoit retournée à Nantes pour se reformer promptement; c'est ce qu'on apprit quelques jours après; car on ne recevoit d'elle aucune nouvelle. Deux courriers envoyés à Canclaux par Rossignol ne revenoient point : on étoit dans l'inquiétude. On répandoit cependant le bruit de la prise de Mortagne par l'armée de Mayence, et aucune nouvelle officielle ne venoit confirmer ou démentir ce bruit.

Au milieu de cette perplexité, de cette sollicitude, il falloit prendre un parti, et ne pas laisser jouir trop longtemps l'ennemi du fruit de sa victoire. L'armée s'ennuyoit de rester dans l'inaction; et malgré les dégoûts et les calomnies perfides dirigées contre Rossignol, par des représentans eux-mêmes, ce général souffroit du silence que Canclaux gardoit, et de l'inaction de nos colonnes.

Un nouveau conseil de guerre fut provoqué à Saumur. Les généraux y furent appelés, et il eut lieu le deux octobre. Il y fut décidé que toutes les colonnes de l'armée se rendroient le sept à Bressuire, afin de former une masse et d'opérer, s'il étoit possible, une jonction avec l'armée de Mayence qui n'étoit qu'à trois lieues de Mortagne.

Dans ces entrefaites, Canclaux écrivit à Rossignol en date du premier octobre, que l'armée étoit partie de Nantes pour n'y revenir qu'après avoir remporté une victoire complète! qu'elle étoit dans de très-bonnes dispositions, qu'il avoit pris des postes avantageux, qu'il établissoit son quartier-général à Montaigu, et qu'il alloit marcher sur l'ennemi.

La marche que le nouveau conseil de guerre venoit d'arrêter, pouvoit s'accorder avec les opérations de l'armée de Mayence, et Canclaux en fut sur-le-champ instruit par un courrier; alors les colonnes étoient en marche pour se rendre à Bressuire.

Saumur étoit en outre gardé par une garnison suffisante. Des redoutes environnoient cette ville; des mines disposées de toutes parts la rendoient inabordable à l'ennemi. Le château bien approvisionné en munitions de guerre et de bouche, en bonne artillerie, en troupes, pouvoit encore empêcher l'ennemi de se présenter.

Doué étoit également dans un état de défense suffisant pour arrêter quelque temps l'ennemi.

Le pont de Cé étant coupé et défendu par plusieurs pièces de canon, opposoit une digue assez redoutable aux brigands.

D'un autre côté, l'armée de Mayence venoit de balayer la route de Nantes.

L'armée de Fontenay, en marchant sur Bressuire avec précaution, pouvoit chasser l'ennemi en avant.

L'armée des Sables restant à son poste, pouvoit empêcher l'ennemi d'aborder auprès des côtes de la Mer.

La garnison et les habitans de l'île de Noirmoutier venoient de donner la chasse à quatre mille brigands qui avoient osé se présenter.

Dans cet état des choses, la situation de la Vendée n'étoit pas aussi désespérante qu'on le publioit, L'armée de Mayence, dans l'instant même réunie à celle de Brest, obtenoit de nouveaux succès; elle mettoit en déroute les brigands auxquels elle avoit pris deux pièces de canon, deux caissons, tué six cents hommes, et fait beaucoup de prisonniers. Les colonnes de la Chataigneraie et de Saumur obtenoient les mêmes succès. Toutes nos armées étoient victorieuses.

Neanmoins, on ne peut se dissimuler que cette guerre étoit de nature à fixer de la manière la plus sérieuse l'attention de la république : cette guerre ne ressembloit en rien à celle que nous font les puissances coalisées, quoiqu'elle fut alimentée par elles.

C'étoit contre des français égarés par le fanatisme que nous avions à combattre.

Contre des français séduits par les nobles qui vouloient rétablir la royauté et leurs privilèges, que nous avions à combattre.

C'étoit contre une population entière que nous avions à combattre.

Nos ennemis étoient nombreux; la population des pays occupés par eux, monte à peu-près à quatre-vingt mille hommes.

Nous devons aussi compter parmi nos ennemis les femmes de ces mêmes hommes, et qui servent d'espions à leur armée.

Nous avions près de quatre-vingt lieues de pays à garder pour circonscrire dans des limites qu'ils ne puissent passer, tous ces brigands.

Notre force avoit beaucoup à faire pour être en même tems agissante, et dans une ligne de circonvallation. Notre armée monte à cinquante mille hommes à peu-près.

Celle des ennemis s'est renforcée de tous nos déserteurs, d'une partie des cuirassiers et de la légion germanique, de plusieurs hussards et dragons, d'un grand nombre enfin de mauvais sujets qui se sont glissés dans nos bataillons pour les désorganiser. C'est presque-là l'élite de leurs troupes, jointe à plusieurs commis de barrières, déserteurs autrichiens, prussiens, émigrés et autres étrangers qui se sont jettés dans la Vendée.

Le courage de l'ennemi s'est encore accru par les combats. Ces paysans qui d'abord prirent nos canons avec des bâtons, se sont enhardis aux batailles. Les différens succès qu'ils ont eus, ont augmenté leur audace.

Ceux qui ont moins de courage naturel, ont celui du fanatisme et du désespoir, plus terrible encore.

Nous ne pouvons, d'après cela, nous dissimuler que notre ennemi est plus nombreux, et plus dangereux que nous le croyons d'abord.

Nous ne l'avons bien connu, que depuis que l'armée de Mayence est venue dans la Vendée.

C'est alors que nous avons su, à peu-près au

juste, que les brigands avoient trois armées, composées chacune d'environ trente mille hommes.

Ces armées ont chacune un noyau de cinq à six mille hommes qui sont étrangers au pays, et continuellement en activité, auquel noyau se réunissent au premier coup du tocsin les paysans par chaque commune, sous la conduite d'un chef.

Chacune de ces armées est commandée par un général en chef choisi par le conseil supérieur des ennemis.

Beauchamps en commande une qui a continuellement inquiété les rives de la Loire, depuis Thouars, Montreuil, le Puits Notre-Dame, Saumur, Doué, Brissac, jusqu'au pont de Cé.

Lescure en commande une seconde, qui s'est toujours portée du côté des Sables, de Partenay, Niort, Fontenay-le-Peuple, Chantonnay, Luçon, etc.

Charette en commande une troisième, qui n'a cessé de se porter du coté de Nantes et des rives de la Loire, du coté de Saint-Georges et Ancenis.

Laroche-Jacqualin, jeune homme de 21 ans, est le généralissime de ces armées : c'est l'homme le plus audacieux qu'il y ait parmi les brigands.

Ils ont en outre, dans cette armée, des officiers-généraux, tels qu'un *Laugreniere*, un *Pyron*, et autres scélérats de cette trempe.

Un nommé *Maignan* de la légion Germanique, un scélérat connu, commande leur cavalerie.

Leur artillerie généralement est mal servie : ils n'ont point de bons canonniers ; et c'est une justice à rendre aux nôtres, qu'ils aiment mieux se faire tuer sur leurs pièces, que de se rendre prisonniers ; ou se faire fusiller par les brigands plutot que de servir leurs pièces lorsque le sort les fait prisonniers.

Les ennemis se servent d'une poudre qu'il font fabriquer à Mortagne, et qui est très-chargée de parties sulfureuses.

Ils ont beaucoup d'artillerie à présent, le nombre peut en monter à cent vingt pièces environ ; ils ne peuvent faire usage de toutes, car le terrein n'est pas meilleur pour eux que pour nos troupes. Aussi ont-ils soin de ne marcher qu'avec peu de pièces : ils en traînent ordinairement avec eux deux, quatre et au plus huit.

Nous pourrions en faire de même : la bayonnette et l'arme blanche valent mieux dans d'aussi mauvais chemins, que l'artillerie la mieux servie, parce que les brigands ont la tactique adroite de ne rester jamais en masse, et de s'éparpiller de droite et de gauche, pour cerner nos colonnes ; c'est ce qu'ils appellent *s'égayer.*

On peut donc considérer comme ennemie toute la population du pays, y compris les femmes qui leur servent d'espions et de soldats au besoin, même de canonniers ; car on en a tué plusieurs, soit dans les rangs, soit aux pièces, dont on a reconnu ensuite le sexe déguisé,

On avoit jusqu'ici attaqué l'ennemi sur différens points séparément ; il étoit peut-être bien difficile de faire autrement avec si peu d'accord, et surtout lorsqu'il falloit en outre garder toutes les rives de la Loire et les côtes de la mer, ce qui forme une étendue d'environ quatre-vingt lieues de pays. Cependant, ces attaques partielles nous étoient très-nuisibles ; et c'est par elles qu'on est parvenu à armer nos ennemis, et à grossir leurs bandes de nos déserteurs.

Il auroit fallu une force environnante capable d'empêcher l'ennemi de pénétrer dans l'intérieur, et de gagner les côtes de la mer ; et une force agissante pour l'attaquer dans ses repaires et le poursuivre par-tout ; c'est encore ce que l'on ne pouvoit faire avec des forces divisées, sur-tout après avoir laissé ignorer à la Nation les progrès sourds que l'ennemi avoit faits depuis plusieurs années.

Les armées ennemies ne sont pas organisées comme les nôtres, et composées de bataillons ou régimens. Elles ne reçoivent aucune solde, à l'exception de la nourriture, lorsqu'elles sont en campagne.

Les seuls brigands qui soient soldés sont ceux qui forment le noyau de l'armée : ce noyau est composé de *compagnies françaises*, de *compagnies allemandes* et de cavalerie.

Les brigands ont la politique de bien traiter les soldats, *dits de ligne*, qu'ils nous font prisonniers, afin de les engager à se ranger de leur parti. Ils les renvoient même très-facilement, lorsqu'ils ne veulent pas rester avec eux.

Ils maltraitent au contraire nos volontaires : ils en font fusiller plusieurs par semaine, et notamment les jours de *bonne fête*. Ils les nourrissent mal, et les tiennent à Chatillon, Chollet et Mortagne, sous la garde des habitans du pays, et quelquefois des femmes seulement ou des vieillards.

Les prêtres continuent de dominer tous ces paysans, et *Monseigneur l'Evêque d'Agra leur donne de tems en tems sa très-sainte bénédiction paternelle.*

Tous les Brigands portent sur eux un chapelet, un reliquaire, ou un petit cœur de drap rouge ou blanc.

Ils ne manquent pas de réciter, soir et matin, leurs prières.

Aussi-tôt qu'ils ont remporté une victoire, leurs prêtres les font agenouiller pour en remercier le dieu des armées.

Avant que les combats s'engagent, les absolutions inondent l'armée très-chrétienne.

En ce moment, les ennemis ont levé quelques compagnies de hussards portant le même uniforme que ceux de la République, à l'exception d'une petite croix blanche cousue sur le côté gauche de leur habit et d'un chapelet qu'ils ont au col.

De loin, on ne peut appercevoir ces marques, et quelquefois ils sont confondus avec nos hussards.

L'uniforme des Brigands est une veste de toile rayée, avec un collet vert et un pantalon de toile rayée ; les paysans ne portent point cet uniforme.

Les chefs portent, sous leur chapeau rond, un mouchoir blanc autour de leur tête ; ils ont des espèces d'habits de chasseurs. Les subalternes portent autour de leur tête, des mouchoirs de couleur.

L'ennemi a pillé de tous côtés une quantité considérable de grains et de fourages dont il a fait des magasins pour passer l'hiver.

OBSERVATIONS

Sur l'esprit public du pays et des Départemens avoisinans.

Par-tout le peuple est le même, c'est-à-dire qu'il aime la révolution et veut la liberté.

Par-tout les riches, les égoïstes, les fermiers et les marchands sont les mêmes, c'est-à-dire qu'ils profitent de la misère commune pour s'enrichir et faire pâtir le peuple,

Par-tout les prêtres, les ci-devant hommes de barreau sont les mêmes, c'est-à-dire qu'ils regrettent l'ancien régime et les abus d'où dépendoit leur existence.

Par-tout aussi le peuple Sans-culotte se défie de ces gens là ; et pour peu qu'il soit appuyé par des patriotes prononcés, il sait les mettre à la raison.

Dans le Département des Deux Sèvres, à Niort, long-temps l'esprit public a été perverti par les Muscadins et ceux dont je viens de parler ; on a cherché à fédéraliser ce Département. Deux députés fédéraliseurs et envoyés de Bordeaux, y ont été bien accueillis ; mais nous avons déjoué leur infâme projet.

On dit aujourd'hui l'esprit public meilleur dans ce département ; mais l'administration est la même, et par-tout les administrations vicieuses sont les ennemies jurées de la République, une et indivisible.

L'esprit public d'Indre et Loire a été bon, il est devenu moins bon, et c'est l'ouvrage des égoïstes, des royalistes, des fédéraliseurs et des mauvais administrateurs.

Celui de Maine et Loire est de même, c'est l'ouvrage des prêtres principalement, car il y en a beaucoup, même dans les administrations, où l'on ne devroit en tolérer aucun, au moins par politique. Le temps est arrivé, où la République ne peut plus souffrir de prêtres dans son sein. Les artisans du mensonge et de la fourberie ne peuvent avoir d'existence dans un état Républicain, fondé sur les principes d'éternelle justice et de la vérité.

Il en est de même, à peu-près, des autres départemens. Néanmoins la liberté triomphera.

De nouveaux bataillons de réquisition s'organisent pour la Vendée, ce qui va augmenter nos forces; déjà plusieurs sont formés et réunis à l'armée.

Tel est l'apperçu de la situation de la Vendée, d'après les observations que j'ai pu recueillir pendant cinq mois de mission dans ce pays. Je crois ces observations conformes à celles faites par ceux qui n'ont pas voulu déguiser la vérité.

On annonce la prise de Mortagne et Chollet. Il ne restoit aux Brigands que ces deux repaires; ils sont détruits. La Vendée va bientôt n'être plus; mais il faut prendre les mesures les plus grandes pour harceler l'ennemi qui n'a plus pour retraite que les bois; empêcher qu'il ne fasse une trouée dans l'intérieur. J'appelle ici la surveillance active des Républicains et de la Convention nationale. Ce germe est sur le point d'être étouffé. Il faut fermer son cœur à la pitié, donner un grand exemple, si l'on ne veut voir de pareils troubles se reproduire ailleurs. Puisqu'enfin il faut, pour fonder la République, sacrifier une partie même de la République, ce sacrifice doit être fait sans s'arrêter à aucune considération qui pourroit n'être que très-dangereuse.

Il faut que l'Europe étonnée dise, en parlant de nous : *La liberté est donc un grand bien, puisque les Français, pour l'établir et la défendre, ont brisé le trône, incendié plusieurs de leurs plus belles villes, immolé une partie de leurs frères, et en même-temps lutté au dehors contre toutes les puissances coalisées !*

Enfin nous venons de détruire la Vendée, de délivrer nos prisonniers, reprendre nos canons, etc., et beaucoup de subsistances. Vive la République !

MOMORO, *commissaire national.*

RAPPORT

A la Convention Nationale sur la suspension arbitraire du général Rossignol. (28 Août 1793, vieux style.)

Bourbotte. Citoyens, j'arrive à l'instant de la Vendée, pour vous parler de la destitution du général Rossignol, et de nos collègues Goupilleau et Bourdon. C'est une mission, dont les représentans, Merlin, Rewbell, Richard et Choudieu, m'ont chargé par un arrêté, dont je vous donnerai lecture.

Lorsque le général Rossignol reçut la nouvelle de sa nomination au commandement en chef de l'armée des côtes de la Rochelle, son premier sentiment fut de refuser le grade, qu'il craignoit de ne pouvoir occuper dignement; mais il en fut empêché par de bons citoyens qui lui promirent de l'aider, dans cette place, de leur zèle et de leur surveillance; bref, ils le déterminèrent à accepter. Sa nomination déplut à quelques officiers intrigans et royalistes; mais les soldats se réjouirent d'avoir enfin un général sans-culotte à leur tête.

Rossignol s'occupa donc tout entier du soin de l'armée qu'il commandoit, et il alloit la diriger contre les rebelles, lorsqu'il fut destitué. Il avoit combiné ses plans; il vouloit terminer la guerre en 15 jours, et il partit de son quartier-général, pour aller mettre en mouvement toutes les divisions de son corps d'armée. Nous pensâmes, citoyens, que les représentans du peuple, disséminés dans cette armée, nous favoriseroient dans l'irruption générale que nous projettions: en conséquence Richard et Choudieu se rendirent auprès de nos collègues d'Ancenis, pour conférer avec eux sur ce sujet; et moi, je partis pour Niort où je devois communiquer les mêmes projets à Goupilleau et à Bourdon. Rossignol étoit avec moi. Nous visitâmes ensemble tous les postes établis sur la route. Le général se fit rendre compte de l'état des fortifications, et prit toutes les mesures pour assurer l'exécution de son projet.

Arrivés à Niort, nous apprîmes que l'armée en étoit sortie, et avoit été camper à Chantonnai, petit village éloigné de quinze lieues de cette ville. Nous nous y rendîmes. Par-tout sur la route nous vîmes des portions de troupes laissées dans chaque lieu, battant à chaque instant les guérets, parce que l'ennemi tentoit d'envelopper la colonne stationnée à Chantonnai. Enfin nous arrivâmes à Chantonnai.

Aussitôt que le général fut entré, Goupilleau lui dit : « Vous êtes venu ici en qualité de général en » chef ; eh bien ! voici un arrêté par lequel nous » vous déclarons indigne de la confiance des armées; » et nous vous donnons l'ordre de vous éloigner à » vingt lieues d'ici ». Dans le même moment, un hussard qui lui avoit servi d'escorte, fut mis au corps de garde, pour avoir dit que le général en chef étoit arrivé, et Bourdon ordonna qu'il fut sabré pour ce propos.

A peine mes collègues jettèrent-ils les yeux sur moi : ils ne répondirent à mes empressemens fraternels, que par le silence le plus profond. Je leur fis connoître le sujet de ma mission, et j'eus beaucoup de peine à me faire écouter un instant. A peine avois-je commencé à leur lire les premières lignes du plan de campagne que nous avions déterminé, et auquel le comité de salut public avoit donné son assentiment, qu'ils me dirent que c'étoit un amas de sottises ; que celui qui avoit conçu ce plan étoit une bête, et que le comité de salut public n'y entendoit rien. Ne pouvant rien répondre à un tel compliment, je pris alors à la main le décret de la convention nationale sur les rebelles de la Vendée, et je leur demandai s'ils avoient songé à le faire mettre à exécution. Ils me répondirent que ce décret étoit contre-révolutionnaire, qu'ils juroient de poignarder le premier qui voudroit l'exécuter, et que je serois moi même le mieux frappé, si j'osois m'attacher à cette exécution.

Je les priai de me faire cette déclaration par écrit. Bourdon me dit alors, que je n'avois pas le droit d'exiger une telle déclaration, et qu'il étoit prudent, pour moi, de m'en retourner sur le champ. Je lui répondis qu'investi du même pouvoir que lui, il m'étoit libre de rester, si je le jugeois à propos; mais Bourdon eut l'audace de me dire que si je restois, il me feroit mettre sur les derrières de l'armée, ou que je serois envoyé au château de la Rochelle.

Le silence des deux Goupilleau, la satisfaction du général Tuncq, tout m'annonçoit que cette détermination étoit prise avant mon arrivée, et que j'allois être arrêté. Aussitôt je me saisis d'une paire de pistolets, et je menaçai de brûler la cervelle, au premier qui voudroit m'arrêter. Ma fermeté en imposa, et on me laissa partir. Je rejoignis en route le général Rossignol, et nous étant arrêté un instant à Fontenay, un caporal, mal instruit, vint lui remettre un ordre, signé et envoyé par les administrateurs de la Vendée, au maître de la maison où nous étions, pour arrêter sa voiture. Plus loin un courrier proclamoit hautement sur la route la destitution de Rossignol, et la défense de le reconnoître pour général en chef. Enfin, il n'est sorte de persécutions qu'on n'ait exercé dans toute la route contre le malheureux Rossignol.

Arrivés à Tours, nous y avons trouvé nos collègues Cloudieu, Richard, Merlin et Rewbell; et sur le rapport que je leur ai fait, ils ont pris l'arrêté dont je vais vous faire lecture.

Les représentans du peuple, Cloudieu, Richard, Bourbotte, Rewbell et Merlin, réunis à Tours;

Délibérant sur un arrêté pris à Niort, le 22 de ce mois, par leurs collègues Bourdon, de Loise, et Goupilleau, de Fontenay, portant suspension du général en chef Rossignol;

Considérant que le défaut de chef peut compromettre le succès des mouvemens de l'armée, éloigner la fin de la guerre de la Vendée;

Que les mouvemens partiels que tenteroit de faire la division de l'armée stationnée à Niort, peuvent entraîner les inconvéniens les plus graves, et procurer aux rébelles des avantages funestes à la république;

Que l'arrivée de la garnison de Mayence doit être le signal d'un mouvement général qui, s'il est combiné dans toutes les parties, peut assurer, en quelques jours, la perte des insurgés, et le triomphe de la liberté.

Qu'il faut nécessairement un centre d'autorité qui prévienne le désordre qui résulte du choc des autorités particulières, qui fasse cesser les rivalités qui réprime les impulsions de l'intérêt particulier, ou de l'amour-propre, qui dirige toutes les forces vers le but commun;

Arrêtent ce qui suit:

1. Bourbotte se rendra sans délai au comité de salut public de la convention nationale, pour lui donner connoissance de l'arrêté du 22 de ce mois, et rendre compte de la suspension du général Rossignol.

2. Le général Santerre prendra, provisoirement, le commandement en chef de l'armée des Côtes de la Rochelle.

3. Il ne pourra être fait aucune marche sur l'ennemi, dans les différentes divisions de l'armée, que le général en chef n'en ait donné l'ordre. Tous les généraux commandans sont responsables, sur leur tête de l'exécution du présent article.

4. Le présent arrêté sera envoyé sur-le-champ,

par des courriers extraordinaires, aux représentans du peuple à Niort et à Ancenis, et au général Santerre, qui le fera connoître, sans délai, à toutes les divisions de l'armée.

A Tours, le 25 août 1793, l'an deuxième de la république française une et indivisible.

Signés, MERLIN, REWBELL, RICHARD, BOURBOTTE, P. CHOUDIEU.

Actuellement, citoyens, il faut vous faire connoître les vrais motifs qui ont porté Goupilleau et Bourdon à de telles mesures: ceux sur lesquels ils ont destitué le général Rossignol, sont, disent-ils, antérieurs à sa nomination. Ils ne sont, ni postérieurs, ni antérieurs; il n'y en a aucuns de plausibles.

Il est toujours contraire aux intérêts publics, que des membres de la convention soient envoyés en qualité de commissaires dans les départemens où sont leurs propriétés, leurs familles, et toutes leurs anciennes connoissances et habitudes.

Goupilleau a senti qu'il avoit tout à perdre dans l'exécution des mesures décrétées à l'égard des rebelles de la Vendée, et il a senti qu'il avoit tout à craindre d'un général en chef qui n'avoit que le salut public à consulter, et qui avoit manifesté ses intentions hautement à cet égard. Goupilleau de Montaigu est venu trouver le général en chef, lui a demandé si son intention étoit de marcher *révolutionnairement* dans la Vendée; et sur l'assurance que Rossignol lui donna, que telles étoient ses dispositions, il s'est rendu avec rapidité auprès de son cousin pour lui en rendre compte, et il est si vrai que la destitution de Rossignol n'est que le résultat de ce qu'il avoit affirmé à Goupilleau de Montaigu, c'est que Rossignol eut cet entretien avec lui le 22, qu'il étoit destitué le 23, et que le 24 l'arrêté lui fut notifié.

Sans doute, il doit paroître étrange à la convention nationale, que lorsqu'il existe sept représentans du peuple près une armée, deux éloignés de près de quatre-vingt lieues du général en chef, se permettent de le destituer, sans consulter leurs collègues, sans examiner les motifs et considérer leur minorité. Nous pourrions réintégrer Rossignol; mais pour ne pas allumer des rivalités entre des représentans du peuple, nous avons cru devoir nous en rapporter à la convention nationale. Je viens lui demander justice, au nom de mes collègues, qui m'ont député vers elle.

Vous sentirez peut-être la nécessité d'envoyer Goupilleau, représentant du peuple, ailleurs que dans la Vendée. Je ne veux point accuser ses intentions, je les crois pures; mais quel que soit notre amour pour le salut public, quand on a sous les yeux sa fortune et toutes ses affections, on dérobe quelquefois à la patrie des soins qu'elle exige tout entiers pour les donner à ce qui nous touche plus individuellement.

Quant à Goupilleau de Montaigu, il n'est auprès de l'armée qu'en vertu d'un congé; il est près de ses propriétés. On doit assiéger Montaigu, et je ne crois pas qu'il soit là pour porter les premiers coups.

Il est des considérations plus frappantes encore. Dans un pays où il seroit essentiel de désarmer tous les habitans; où il faudroit, ainsi que vous l'avez décrété, enlever les bestiaux, les grains; on a laissé à des paysans des fusils des munitions, sous prétexte de leur propre défense. On a laissé des grains immenses qui peuvent tomber au pouvoir des rebelles à chaque instant. Les autorités constituées, celles qui ont les premières alimenté le feu de la conjuration, des administrations de la Vendée, ceux qui ont donné l'ordre d'arrêter la voiture de Rossignol, sont encore en pleine activité; et à mesure que nos troupes marchent en avant, on réorganise une nouvelle contre-révolution.

Citoyens, je crois vous en avoir assez dit pour vous déterminer à rendre au général Rossignol le commandement de l'armée. Qu'on ne nous contrarie plus, et dans quinze jours ou trois semaines, nous n'aurons laissé dans la Vendée que des ossemens, et vous pourrez envoyer contre les tyrans coalisés, 30 mille hommes qui déjà manifestent le désir de marcher sur les frontières, après avoir exterminé les brigands.

Je vous propose le projet de décret suivant :

La convention nationale décrète que l'arrêté, pris le 23 de ce mois par les représentans du peuple, Goupilleau et Bourdon, qui ont suspendu le général en chef de l'armée des côtes de la Rochelle, Rossignol, est révoqué.

Drouet. Lorsque le comité de salut public vous présenta l'organisation du commissariat national, on décréta, à l'unanimité, qu'un homme ne pourroit être envoyé commissaire dans son propre pays; cependant, les deux Goupilleau sont auprès de l'armée qui combat sur le territoire où sont leurs propriétés : des motifs particuliers ont pu les conduire dans leurs arrêtés. Leur injustice contre le général Rossignol est évidente. Qui de nous n'a éprouvé son patriotisme, qui ne sait comment il s'est battu, son nom n'est connu que par des victoires ou des actions d'éclat. Je demande que la destitution prononcée contre lui, soit levée. Que Goupilleau et Bourdon, de l'Oise, soient rappelés ici pour rendre compte de leur conduite.

Le c...... Citoyens, depuis les premiers jours de la malheureuse guerre de la Vendée, nous avons eu un grand nombre de commissaires, et les affaires n'en n'ont pas été mieux. Choudieu n'a vu qu'Angers, Goupilleau n'a vu que la Vendée, une espèce d'animosité a regné entre eux. Je demande aujourd'hui le rappel de tous les commissaires qui sont dans ce pays.

La division règne également entre les généraux. Quand l'armée de Niort faisoit un mouvement, celle de Saumur refusoit de marcher. Cependant, Tuncq a toujours battu les ennemis, et ceux de Saumur se sont toujours laissés battre.

Gaston. Je ne me laisse point guider par des considérations particulières, et quand j'ai à parler à mes collègues je ne les distinguerai que par la différence de leurs actions et de leurs mérites. Mais avec ma franchise ordinaire, je vous dirai ce que je pense.

Citoyens, lorsque vous avez, dans un pays quelconque, un grand nombre de commissaires, n'est-ce pas l'avis de la majorité que vous devez croire le meilleur? Or, celui favorable à Rossignol est adopté par ceux qui n'ont que très-peu de reproches à se faire. Qui ne connoit, en effet, la conduite de Bourbotte? Qui ne connoit le caractère ferme et généreux de Choudieu et de Merlin? Ce sont de pareils hommes qui sont opposés à Bourdon et à Goupilleau, contre lesquels il y a plusieurs choses à dire. Pourquoi Goupilleau a-t-il eu la foiblesse de se rendre dans un pays où étoient ses propriétés, lorqu'il savoit que la résolution formelle des françois étoit de porter le fer et le feu dans les repaires des brigands? Etoit-il assez ferme pour exécuter une pareille mesure? étoit-il un nouveau Brutus pour en ordonner l'exécution? Je demande que les propositions qui vous ont été faites par Bourbotte, au nom de ses collègues, soient adoptées. Je sais que leurs adversaires ont ici des amis; mais que l'amitié se taise! n'écoutons que la voix de la patrie: plus de lenteur dans les mesures: les rebelles en concevroient une nouvelle audace; et il est décrété dans le cœur de tout bon français qu'ils doivent disparoître de notre territoire. Qu'à-t-on à reprocher à Rossignol? Ses actions parlent pour lui; les reproches qu'on lui fait sont nuls. Rendons au patriotisme et au courage ce qui leur est dû; décrétons la levée de la suspension.

Tallien. Ce que vous venez d'entendre, par l'organe de Bourbotte, est la confirmation de ce que je vous ai dit, au moment où vous entendîtes la lettre de Bourdon et de Goupilleau. Il n'y a pas de doute que la destitution prononcée contre le général Rossignol ne soit absolument sans motif. On n'a pas rapporté contre lui un seul fait relatif à ses fonctions de général. Je ne veux pas inculper mes collègues : je leur crois de bonnes intentions : ils sont très-patriotes, mais leur arrêté a frappé aussi un très-bon patriote : il tend à faire perdre au général en chef la confiance de l'armée; il peut donc être très-nuisible, et je demande que la convention en prononce sur-le-champ la nullité. Il est instant de rendre à l'armée un général qui a sa confiance, et qui peut seul faire exécuter les plans qu'il a conçus. Je propose à la convention de décréter comme principe, qu'aucun représentant du peuple ne pourra être commissaire dans le pays où il aura des propriétés. Je demande que la suspension prononcée contre Rossignol, soit levée; je laisse à la sagesse de la convention à statuer sur le rappel de ses commissaires, Goupilleau et Bourdon.

Quelques membres. Le renvoi au comité.

Delacroix. Eh ! pourquoi un renvoi ? Que pourra vous dire de plus un comité qui n'a pas été présent aux faits ? Son rapport ne peut être fondé que sur l'arrêté de Bourdon et Goupilleau, et sur la réclamation dont Bourbotte vient de vous faire part, au nom de ses collègues. Les faits sont donc tous à votre connoissance. Deux députés ont suspendu un général; cinq vous proposent de le rétablir dans ses fonctions, parce qu'il y est indispensable. Pouvez-vous balancer ?

Un membre. Qu'a-t-il fait pour être général !

Delacroix. Eh ! dites-moi, vous! Qu'est-ce qu'il

n'a pas fait ? Je n'ai jamais vu ce général ; mais sur l'avis de cinq de mes collègues, je crois qu'il est nécessaire au poste où il avoit été appelé, et j'invite la convention, à lever, sur-le-champ, la suspension prononcée contre lui.

Tallien. Président, un mot avant la clôture de la discussion. Delacroix a éprouvé une interruption, à laquelle je dois répondre. On demande ce qu'a fait Rossignol : je repondrai. Depuis le commencement de cette guerre, Rossignol s'est battu plus de cinquante fois, à la tête de la trente-cinquième division de la gendarmerie qu'il commandoit. Il s'est trouvé à toutes les attaques ; à l'affaire de Chemillé il étoit auprès du général Duhoux, lorsqu'il fut blessé ; les braves qu'il commandoit étoient au nombre de sept cent, lorsqu'ils se rendirent dans ces contrées, le sort des combats les a réduits à deux cents.

Si l'on me demande ce que Rossignol a fait comme général, je dirai : il a trouvé une armée débandée ; elle s'est réorganisée par ses soins ; il a combattu les mauvais principes dont elle étoit infectée, et y a ranimé l'esprit républicain, il a puni les désorganisateurs, et l'armée a toujours marché à la victoire. Il a réparé les injustices de Biron ; il a récompensé le mérite dédaigné ; Salomon a reçu de lui le commandement de l'avant-garde. Voilà ce qu'a fait Rossignol comme général.

Quoi ! dans cette assemblée, on a répondu de Beysser et de Westermann ! Tous deux parcourent librement les départemens insurgés ; Westermann est actuellement à Niort, où il ranime l'esprit fédéraliste qui infecte ces contrées, et un homme aussi brave que Rossignol n'y trouveroit point de défenseur ? Seroit-ce donc parce que c'est un véritable sans-culotte ? Seroit-ce parce qu'il a toujours soutenu la cause du patriotisme ? Seroit-ce parce qu'il souffrit avec la minorité opprimée, et qu'il l'aida de tout son pouvoir? Non, l'assemblée sera plus juste; elle lèvera la suspension, et il sera beau de voir Rossignol sorti de cette classe tant dédaigné par la noblesse, succéder à monseigneur le duc de Biron.

La convention ferme le discussion, lève la suspension, rappelle ses commissaires, Bourdon de l'Oise et Goupilleau de Fontenay, et rapporte le congé donné à Goupilleau de Montaigu. (On applaudit).

Le président. Le général Rossignol demande à offrir ses hommages à la convention.

Il entre à la barre au milieu des plus vifs applaudissemens.

Rossignol. Législateurs, vous venez de rendre justice au patriotisme persécuté; mon corps, mon ame, tout est à ma patrie. J'ai juré d'exterminer les brigands, et de détruire leur asyle; je le ferai. Les créatures de Biron, de Westermann ne tiendront pas auprès de moi; elles ne peuvent souffrir mon caractère. Je ne capitulerai jamais avec les ennemis du peuple; c'est lui, c'est moi-même, puisque j'en fais partie, que je dois sauver, et je me voue tout entier à sa défense. Je ne sais point parler élégamment; je répète ce que mon cœur me dicte.

Le président. Rossignol, on connoit ton courage; on t'a vu au feu de la Bastille; depuis ce tems tu as marché ferme dans le sentier étroit du patriotisme; la convention s'est empressée de te rendre justice; elle t'invite aux honneurs de la séance.

Sergent. Tous les patriotes peuvent répondre de Rossignol; mais je sais qu'en 89, en 90, on a tout tenté pour le corrompre; il a dédaigné l'or et les places du despotisme, il a même bravé les poignards de Lafayette.

Bazire. On persécute en ce moment, plus que jamais, les élans du patriotisme. Depuis l'acceptation de la constitution, les efforts des malveillans ont redoublé ; le feuillantisme a relevé la tête : il s'est établi une lutte entre les patriotes énergiques et les modérés. A la fin de l'assemblée constituante, les feuillans s'étaient emparés des mots, loi, ordre public, paix, sûreté, pour enchaîner le zèle des amis de la liberté : les mêmes manœuvres sont employées aujourd'hui. Vous devez enfin briser entre les mains de vos ennemis l'arme qu'ils emploient contre vous. Je demande que vous déclariez formellement que la France est en révolution, jusqu'au moment où son indépendance sera reconnue ; que le comité de sûreté générale vous présente une rédaction de cette déclaration, et un projet de décret qui rende à la police municipale de sûreté, toute la force que les malveillans sont parvenus à lui faire perdre.

La proposition est adoptée.

RAPPORT

Des événemens relatifs à la visite faite par le Général en chef Rossignol, des différentes divisions composant l'armée des Côtes de la Rochelle.

Le ministre de la guerre et le comité de salut public venoient de donner des ordres au général en chef *Rossignol*, pour se tenir sur la défensive, en attendant la réorganisation complette de l'armée, et l'arrivée des troupes de Mayence et de Valenciennes qui devoit être très-prochaine ; le général Rossignol, d'après ces ordres et les décrets du premier août relatifs à *la Vendée*, voulant disposer les armées à agir simultanément, prit le parti de profiter du peu de tems qui devoit précéder l'arrivée de ces troupes, pour aller visiter les différentes divisions de l'armée des côtes de la Rochelle.

Il partit le 18 août accompagné du représentant du peuple *Bourbotte*, des adjudans-généraux *Moulin*, *Grammont*, et *Hasard*, et du citoyen *Momoro*, commissaire national. Rendu le 19 à Saint-Maixent, il fit venir le commandant de la force publique de cette ville, et prit de lui des renseignemens très-importans sur l'état de dénuement de forces dans lequel cette place se trouvoit, par le départ, à son insçu, de la garnison pour les armées aux ordres de *Chalbos* et *Tuncq*. Le général *Rossignol*, surpris de ce qu'on avoit fait un mouvement sans ses ordres, et sur-tout après avoir signifié à tous les généraux ceux du ministre de la guerre, et du comité de salut public, mouvement qui pouvoit compromettre la sûreté de ce point essentiel, donna aussi-tôt les ordres pour rassembler plusieurs contingens épars dans les environs, et les réunir à St.-Maixent. Après ces dispositions préliminaires, il se rendit le 20 à Niort, dont il visita toutes les fortifications qu'on achevoit de construire; il se fit rendre compte en même-tems de l'état des forces de cette ville, qui ne consistoient qu'en plusieurs démembremens et récrues de différens bataillons; le général Chalbos en ayant extrait 4000 hommes des meilleures troupes, qu'il avoit portés sur *Fontenay*, sans les ordres du général en chef.

Le général Rossignol, étonné et inquiet de ce mouvement partiel, se porta à l'instant à *Fontenay-le-Peuple*, pour en apprendre la véritable cause: il y trouva le général divisionnaire *Chalbos*, qui lui dit que la marche de l'armée de Luçon ayant été ordonnée par les deux représentans du peuple *Goupilleau de Fontenay*, et *Bourdon de l'Oise*, de concert avec le général *Tuncq*, il s'étoit refusé (lui) à faire marcher son armée avec la leur, parce qu'il n'en avoit pas reçu l'ordre du général en chef, auquel seul il devoit obéir; que cependant, craignant que l'armée de *Tuncq* ne s'engageât trop inconsidérément, il avoit cru prudent de porter sur Fontenay-le-Peuple 4000 hommes avec leur artillerie, autant pour soutenir les derrières de l'armée de *Tuncq*, lui assurer ses subsistances, que pour protéger les places qui restoient à découvert; qu'alors les deux représentans *Goupilleau de Fontenay* et *Bourdon de l'Oise*, étoient à *Chantonnai*, avec l'armée de Luçon commandée par Tuncq.

Le général Rossignol se rendit, de suite, le 23, à Chantonnai, où il trouva les représentans du peuple, qui ne daignerent pas s'appercevoir de lui. Dans la chambre étoient, *Bourdon de l'Oise*, *Goupilleau de Fontenay* département de la Vendée, *Goupilleau de Montaigu*, département de la Vendée, le général Tuncq, et plusieurs officiers,

Il est bon de remarquer ici que *Goupilleau de Montaigu* étoit venu le 21 trouver à Niort le général *Rossignol*, qu'il l'avoit sondé relativement aux décrets du premier août rendus contre la Vendée ; que le général *Rossignol* lui avoit dit que son devoir étoit de les faire exécuter, et qu'ils le seroient jusqu'à la dernière virgule (ce sont ses propres expressions), et qu'aussi-tôt *Goupilleau de Montaigu* se rendit à Chantonnai.

Le général *Rossignol*, surpris d'un accueil aussi inattendu, rompit le premier le silence, en demandant au représentant *Goupilleau de Fontenay*, quelle étoit la position de l'ennemi ; à quoi le représentant Goupilleau répondit sèchement qu'il n'en savoit rien ; un instant après ce même député demanda au général *Rossignol*, s'il étoit venu comme général en chef ; le *général* Rossignol lui ayant répondu qu'*oui* : aussi-tôt le député lui dit qu'ils l'avoient suspendu de ses fonctions, et lui donna l'arrêté pris *à cet égard*; le général Rossigol le lut, et dit aux deux représentans signataires de cet arrêté, qu'il ne savoit qu'obéir aux autorités supérieures à lui, mais *qu'il n'en serviroit pas moins bien la République*, ajoutant que s'ils n'avoient aucun compte à lui rendre de l'armée, il n'avoit plus qu'à se retirer : Goupilleau de Fontenay lui dit qu'il devoit se rappeler des propos qu'il avoit tenus en sa présence et celle du général Biron ; et qu'un homme qui ne vouloit se battre qu'avec des forces supérieures à celles de l'ennemi, n'étoit pas digne d'être général : Rossignol répondit que voyant l'armée sacrifiée par des attaques partielles, il avoit, à la vérité, émis cette opinion, qu'il avoit ensuite développée au comité de salut public ; qu'au surplus, il ne savoit qu'obéir aux décrets de la convention nationale ; sur quoi Bourdon de l'Oise lui dit avec véhémence qu'il ne reconnoissoit pas la convention nationale dans les décrets rendus contre la Vendée, et que tout ce que le comité de salut public et le ministre de la guerre avoient fait ; il le regardoit comme nul, et que lui et son collégue n'agiroient qu'à leur fantaisie.

Dans cet intervalle de tems, un des hussards du général en chef Rossignol faisoit mettre ses chevaux à l'écurie, en annonçant que c'étoit ceux du général en chef; Tuncq lui dit qu'il n'y avoit point d'autre général que lui, et le fit arrêter, pendant que Bourdon de l'Oise crioit par la fenêtre de sabrer ce hussard.

Le général Rossignol se retira, et fit mettre les chevaux à la voiture pour partir de suite. Le représentant du peuple Bourbotte resta avec ses collégues, et vint nous rejoindre à Saint-Hermau le soir. Il nous fit part de tous les désagrémens qu'il venoit d'éprouver de la part de ses collégues, en leur reprochant l'injustice d'un acte aussi arbitraire qu'ils venoient d'exercer contre Rossignol. Il nous dit que ses collégues avoient persisté dans la résolution où ils étoient de ne point exécuter les décrets de la conventon, et que même ils poignarderoient de leurs propres mains celui qui oseroit les exécuter, en le menaçant, lui représentant Bourbotte, de le faire arrêter et transporter à la Rochelle sur les derrieres de l'armée.

Sur des observations que Bourbotte leur fit, que Chollet pouvoit bien être au moins considéré comme un des repaires des rebelles, il lui fut répondu par Goupilleau de Fontenay, qu'il y avoit sa femme, et que Chollet seroit ménagé par cette raison. Enfin Bourbotte vint nous rejoindre, l'âme remplie de l'indignation la plus profonde.

Nous ne parlerons pas des désagrémens que le brave Rossignol a éprouvés depuis ce moment dans son retour.

Nous dirons seulement que les administrateurs du département de la Vendée ont été rétablis par les députés Goupilleau de Fontenay, et Bourdon de l'Oise ;

l'Oise ; ces administrateurs qui n'ont pas eu le courage de s'opposer dès l'origine aux troubles de la Vendée, leur département.

Nous ajouterons, et la preuve en existe à l'état-major-général à Saumur, que le général en chef Rossignol a été méconnu par eux, et par Tuncq ; que ses ordres non-seulement n'étoient point exécutés, mais pas même lus ; que les représentans Goupilleau et Bourdon de l'Oise, se sont arrogé les pouvoirs du général en chef, en donnant des ordres pour faire marcher, à son insçu, l'armée de Luçon, de Niort et des Sables, en envoyant pareils ordres à l'armée de Saumur ; enfin, en faisant tous leurs efforts pour éluder les décrets de la convention, en laissant au milieu du pays ennemi des meules considérables de grain, sans les faire transporter sur les derrières de l'armée, conformément au décret du premier août.

Nous dirons que Saint-Maixent, Niort, Luçon et les Sables, points très-importans à garder jusqu'à l'exécution du mouvement général, sont dégarnis par les ordres de ces représentans.

Nous dirons qu'ils sont obligés de faire venir de Niort, à 16 lieues de Chantonnai, les vivres pour l'armée, quand ils en ont des quantités énormes appartenantes aux brigands, et auxquels ils ne veulent pas toucher.

Nous dirons que par les dispositions qu'ils ont prises, nos armées se trouvent dans le cas d'être coupées au premier rassemblement un peu considérable des ennemis.

Nous dirons que par ces dispositions, la Rochelle, point si important, se trouve à découvert ; nous dirons enfin qu'on s'est refusé obstinément à mettre de l'ensemble dans la marche des armées.

Nous dirons que Rey, général divisionnaire, commandant à Chinon, a fait marcher 1300 hommes, sans les ordres du général en chef, pour attaquer

Chollet, quand l'armée de Saumur venoit de trouver 6000 ennemis à Coron, par où Rey devoit passer ; et qu'aussi-tôt que le général Rossignol a été instruit de cette marche irréfléchie, il a dépêché quatre courriers pour l'empêcher.

OBSERVATIONS ESSENTIELLES.

Rien n'est plus impolitique que d'envoyer des commissaires, pour des missions pareilles, dans leurs propres départemens, parce que les considérations de localité l'emportent ordinairement sur l'intérêt de la République.

Un brave général, qui veut exécuter les décrets, est suspendu pour ce fait par des représentans qui les méconnoisent ; et cela au moment de l'arrivée de l'armée de Mayence, et où les dispositions sont prises pour une attaque générale.

Les bleds restent à la disposition de l'ennemi, lorsqu'on peut les mettre entre les mains de la République.

Les forces de l'armée sont partiellement trop engagées dans un pays, où sans secours, elles peuvent être coupées à chaque instant, malgré les succès qu'on peut obtenir.

Les postes les plus essentiels sont inconsidérément dégarnis. La moitié de l'armée des Sables est hors de service à cause des fièvres ; et l'on n'a pris aucune mesure pour remplacer les malades, pour leur donner des secours. Les hôpitaux de Luçon en regorgent.

Des succès éphémères, ordinairement suivis de revers occasionnés par l'imprudence et l'aveuglement, ont ébloui des chefs et des représentans peu instruits à ce qu'il paroît, du métier de la guerre ; et les ordres du comité de salut public, du ministre de la guerre, et du général en chef, sont méconnus, ainsi que les décrets de la convention.

Un autre genre de rébellion s'élève dans la Vendée.

C'est au comité de salut public, c'est à la convention de réprimer, dès son origine, des abus aussi criants, en rappellant ces députés, et en y en envoyant d'autres qui ne soient pas du pays, et qui exécutent les décrets de la convention, et en réintégrant promptement le général Rossignol dans ses fonctions, parce que ce républicain a la confiance des soldats, qu'il a juré d'exécuter les décrets, et qu'il les exécutera.

Signé, Momoro et Hazard.

Copie de l'ordre donné par Bourbotte, représentant du peuple, au commandant de la force publique de Saint-Maixent, le 24 août, à Saint-Maixent.

Nous représentant du Peuple Français, député de la convention nationale, près l'armée des côtes de la Rochelle :

Instruit qu'en vertu d'un ordre signé Chalbos, des hommes armés sont partis de Saint-Maixent, pour arrêter 14 chevaux que le général en chef Rossignol avoit fait partir pour Saumur, et les faire rétrograder sur Niort ;

Considérant que cet ordre est arbitraire, autant que la suspension du général Rossignol, ordonnée par les citoyens Bourdon et Goupilleau, représentans du peuple ;

Considérant que si ces deux représentans ont pu se permettre de suspendre, sans motifs plausibles, un général en chef, il seroit à la disposition de leurs collègues Choudieu, Richard et Bourbotte, de le continuer dans l'exercice de ses fonctions, puisque, investis des mêmes pouvoirs, ils sont en majorité d'opinion par leur nombre ;

Considérant aussi que toutes les formes et les principes, ont été violés dans cette suspension ; et que les persécutions qu'ils exercent contre lui, ne peuvent être que l'effet d'un ressentiment illégitime, et provoqué par le général Tuncq, ennemi reconnu du citoyen Rossignol.

Arrêtons que les chevaux conduits à Saumur, en vertu des ordres du général Rossignol, ne peuvent être arrêtés ; que les ordres donnés par le général Chalbos, seront regardés comme non avenus ; requérons en conséquence le commandant de la force publique existante à Saint-Maixent, de faire exécuter le présent réquisitoire, sous sa responsabilité ; le rendons responsable personnellement de tout refus à cet égard, et déclarons que nous le regarderions comme rébelle à la loi, si toutefois il préféroit d'exécuter les ordres du général Chalbos, à ceux que nous lui donnons.

Signé à l'original, BOURBOTTE.

Pour copie conforme, MOMORO, *commissaire national*.

Sur la suspension arbitraire de Rossignol, général en chef de l'armée des côtes de la Rochelle.

Un décret de la convention nationale, relatif aux mesures à prendre contre les rebelles de la Vendée, porte :

Art. VI. « Qu'il sera envoyé par le ministre de la guerre, des matières combustibles de toute espèce, pour incendier les bois, les taillis et les genets. »

VII. « Que les forêts seront abattues, les repaires des rebelles incendiés, et les grains coupés, pour être portés sur les derrières de l'armée et les bestiaux saisis. »

VIII. « Que les femmes, les enfans et les vieillards seront conduits dans l'intérieur ; il sera pourvu à leur subsistance et à leur sûreté, avec tous les égards dus à l'humanité. »

Et c'est pour avoir dit à un représentant du peuple qu'il exécuteroit jusqu'à la dernière virgule, ce décret salutaire, que Rossignol vient d'être suspendu par les représentans Bourdon de l'Oise, et Goupilleau de Fontenay.

Voici les faits qui ont précédé et suivi la suspension de ce général en chef de l'armée des côtes de la Rochelle.

Informé que Rossignol devoit arriver à Chantonay, Goupilleau de Montaigu, (représentant du peuple, qui a obtenu un congé pour rester dans son pays pendant la guerre,) alla à la rencontre du général, dont il sonda les dispositions sur le décret concernant l'armée des côtes de la Rochelle.

Rossignol lui répondit avec sa franchise ordinaire *qu'il l'exécuteroit jusqu'à la dernière virgule.* Goupilleau de Montaigu ne répondit rien, mais il alla trouver Goupilleau de Fontenay et Bourdon de l'Oise, auxquels il fit part des dispositions où étoit

Rossignol ; et aussi-tôt un arrêté fut pris par ces députés pour le suspendre ; mais comme il n'y avoit aucun fait à sa charge, ils furent obligés de recourir à un moyen aussi absurde que perfide, c'étoit de déclarer que la conduite antérieure de Rossignol, le rendoit indigne de la confiance ; il fut donc suspendu et tenu de s'éloigner à vingt lieues de l'armée, malgré le décret de la convention qui avoit confirmé le choix que le conseil exécutif en avoit fait, pour commander en chef cette armée. Ce n'est pas tout : les représentans ont poussé le délire jusqu'à déclarer qu'ils ne reconnoissoient ni la convention, ni le comité de salut public dans ce décret sur la Vendée ; qu'il avoit été sollicité et rendu par des contre-révolutionnaires, et qu'ils poignarderoient le premier qui oseroit le mettre à exécution. Cette menace fut faite en présence de Bourbotte, représentant du peuple, qui avoit accompagné Rossignol dans ce voyage ; ils ont même menacé leur collègue, de le faire arrêter et conduire à la Rochelle, sur les derrières de l'armée.

Il est bon d'observer que Westermann, l'ennemi le plus ardent de Rossignol et le partisan le plus zélé de Biron et de ses complices, parcourt le département de la Vendée, quoique suspendu, et sème dans tous les corps administratifs et dans l'armée, un esprit de désorganisation et de désobéissance aux chefs reconnus pour de vrais républicains. Il n'y a pas de calomnies que Westermann n'invente pour perdre Rossignol dans l'esprit des soldats.

On voit que les partisans de Biron sont nombreux dans ce département, et qu'on n'y persécute les patriotes si injustement, que pour le venger du décret qui retient à l'abbaye ce ci-devant, qu'on peut regarder comme un des appuis les plus dangereux de l'esprit de fédéralisme qui règne à Fontenay, Niort, Poitiers, etc. Tunk n'est pas moins coupable, d'avoir désobéi aux ordres du comité de salut public, du ministre, et du général en chef qui lui enjoignoient de se tenir sur la défensive jusqu'à l'arrivée de l'armée de Mayence, époque à laquelle tous les mouvemens des différentes divisions devoient s'opérer avec l'accord le mieux établi. Ce qui prouve qu'il a tout sacrifié à son amour propre, c'est d'avoir, par des attaques partielles, engagé sa division dans un pays où elle court le risque d'être cernée, pour n'avoir combiné aucune de ses marches avec celle des autres divisions. C'est ainsi que depuis long-tempts les généraux de cette armée sont parvenus à affoiblir des forces, qui, réunies en masse et agissant de concert, auroient déjà exterminé jusqu'au dernier des rébelles. On seroit porté à croire que Tunck n'a fait la guerre que pour lui, et que les représentans qui ont des biens dans le pays insurgé, n'ont dirigé les mouvemens de son armée que pour mettre à couvert leurs propriétés. Il sera aisé de s'en convaincre par la lecture des lettres que ces mêmes représentans ont écrites pour faire marcher la division de Saumur, lorsqu'un décret de la convention défend à ses commissaires près les armées de ne se mêler en rien des dispositions militaires. Et dans quel temps se hâte-on de faire sortir de l'inertie cette division, dont les chefs, pendant plus de trois mois, avoient refusé de correspondre avec ceux des autres divisions? Dans un moment où l'armée de Mayence est arrivée, où elle n'a, pour ainsi dire, qu'à marcher pour terminer cette guerre si désastreuse, où déjà le plan d'attaque tracé par le général Ronsin, et adopté par les généraux, de l'armée et par les représentans du peuple, alloit être mis à exécution avec la plus grande célérité; mais, si, comme l'on n'a que trop de raisons pour le craindre, il arrivoit que la division de Tunck fût coupée, ou mise en déroute, à quels malheurs nouveaux nous auroient exposés l'amour propre d'un chef, l'égoïsme et l'esprit de domination de deux représentans. Ces malheurs sont incalculables, puisqu'une défaite de la division de Tuncq ouvre aux brigands un passage vers la Rochelle, Niort et Poitiers, et dérange tout le plan d'attaque. Que conclure de tous ces faits? 1°. Que rien n'est plus dangereux que d'envoyer aux armées des représentans commissaires, nés dans les départemens que ces armées occupent; 2. qu'il est instant de rétablir dans ses fonctions le général en chef, le brave Rossignol qui n'a besoin que de se montrer aux soldats pour obtenir leur confiance et leur estime.

3. De dépêcher sur le champ à Tuncq, un courier extraordinaire, pour lui enjoindre de se tenir sur la défensive jusqu'au moment où toutes les divisions seront en état d'agir ensemble et avec l'accord le plus parfait.

4. De rappeller Westermann d'un département dont les administrateurs n'ont que trop de penchant au fédéralisme, et qu'un homme complice de Dumouriez et partisan de Biron, ne peut qu'entretenir dans l'esprit de rebellion : ce qui lui seroit d'autant plus facile, que ces mêmes administrateurs du département de la Vendée, qui avoient été destitués par les représentans du peuple, viennent d'être réintégrés dans leurs fonctions par les deux représentans qui ont suspendu Rossignol, *pour des faits antérieurs à sa nomination* : entr'autres pour avoir déclaré, en parlant de Biron, *qu'un bon républicain ne devoit pas obéir à un ci-devant*, propos qui lui a mérité l'estime de tous les révolutionnaires; on lui reproche encore d'avoir dit, quand Biron commandoit, qu'il ne marcheroit à l'ennemi qu'avec des forces supérieures : et le cinq de ce mois, il donna l'ordre à 3000 hommes de marcher à Doué, contre plus de 6000 brigands, et les troupes commandées par Ronsin et Salomon, ont triomphé.

P. S. Bourbotte, représentant du peuple, Rossignol, général en chef; Moulins, Hazard et Grammont, adjudans-généraux, et Momoro, commissaire national, ont été témoins des faits ci-dessus énoncés. Ils attestent en outre que Bourdon de l'Oise a voulu faire sabrer un hussard qui s'obstinoit à ne reconnoître que Rossignol pour général en chef, que Tuncq a fait arrêter ce hussard, et que ce même Bourdon qui s'élève avec tant d'impudence contre le décret sur la Vendée, a fait fusiller dans sa chambre un brigand, et qu'un de nos braves canonniers a été tué à côté de ce brigand, victime de la précipitation avec laquelle ce massacre fut ordonné et exécuté. Les ordres donnés par Goupilleau de Fontenay, et Bourdon de l'Oise, pour la marche de l'armée, sont à l'état-major général de l'armée à Saumur.

N. B. Cette pièce a été imprimée au moment même de la suspension de Rossignol.

Lettre de Ronsin, 23 brumaire, l'an 2 de la république une et indivisible.

Un conseil de guerre tenu à Saumur le deux septembre, où la marche de l'armée de Mayence sur Mortagne fut arrêtée par Nantes, Pilippeaux prit vingt fois la parole pour soutenir ce plan qui devoit être d'autant plus suspect aux bons patriotes, qu'il étoit l'ouvrage des ci-devant marquis de Canclaux et d'Aubert-Dubayet; Pilippeaux qui avoit tout prévu pour assurer l'admission de ce plan, avoit fait venir *un millionnaire* qui fut, on ne sait à quel titre, admis au conseil; Philippeaux l'interpelloit toutes les fois qu'il s'élevoit quelqu'inquiétude sur les subsistances, et le millionnaire juroit qu'il ne manqueroit rien à l'armée de Mayence, et qu'il avoit à Nantes des vivres à sa disposition pour plus de trente mille hommes; cependant à peine l'armée de Mayence fut-elle arrivée à Nantes, que des courriers furent envoyés aux représentans du peuple Bourbotte, Choudieu et Richard, pour dépeindre la détresse où l'armée se trouvoit, et demander qu'il fût envoyé de Saumur et d'Angers toutes les subsistances nécessaires. Il est aisé de voir que la malveillance et la fourberie ont présidé à ce conseil, et la vérité seroit bientôt reconnue, si Philippeaux étoit sommé de nommer le millionaire qui osa mentir si impudemment, et exposer une armée à se désorganiser.

Signé, Ronsin

P. S. Le plan de campagne, tracé ce même jour, a été trouvé dans les papiers du conseil supérieur des brigands à Châtillon sur Sèvre. Ce fait a été certifié par Robert chef de l'état-major de l'armée des côtes de Brest.

Cette lettre n'a pas besoin de commentaire.

Extrait du rapport imprimé, des citoyens Alibert et Sollier, envoyé à la société des Cordeliers, sur la conduite de Tuncq à l'armée de Luçon, à l'époque ou l'on méditoit la suspension du général Rossignol, pour servir de renseignemens sur les événemens de la guerre de la Vendée.

Les 2 escadrons du 14e. régiment de chasseurs-hussards eurent ordre de partir de Niort le 27 au 28 juillet dernier pour aller à Luçon, sous le prétexte d'une expédition; le général établit le corps dans un petit bois (appellé Mondoré) position à une demi-lieue, en arrière de la ligne du camp vers sa gauche, vis-à vis un bois qui conduit à Mareuil. Cette position étoit un poste intermédiaire de Luçon au camp.

Le 30 du même mois l'ennemi nous attaqua sur trois points; le corps des hussards se porta en avant pour reconnoître l'ennemi; une colonne de tirailleurs attaqua vivement notre gauche; les hussards étoient dans l'incertitude s'ils devoient donner de suite, n'ayant aucun ordre du général, et ne connoissant nullement ses intentions dispositives; l'affaire devint sérieuse. Le bataillon de . . . . . . fléchit, abandonna son drapeau et sa pièce de canon; les commandans des différens corps se concertèrent dans le moment, pour donner ensemble, et faire rentrer le bataillon dans son devoir, ce qui décida de la bataille; l'ennemi fut mis en déroute et poursuivi jusqu'au-delà du château de Bessay.

Tuncq n'avoit paru sur aucun de ces points, n'avoit envoyé aucun aide-de-camp pour donner ses ordres, ce qui étonna de braves républicains qui cherchoient à remplir leur devoir.

Lorsque l'armée fut retirée et que chaque corps

eut repris son poste, le capitaine *Alibert* commandant par *intérim*, (puisque le chef d'escadron *du devant* fut blessé dans l'affaire) fut au quartier général à 11 heures du soir pour demander les ordres du général Tuncq. Ce dernier lui ordonna d'envoyer des hussards dans le château de Bessay pour servir de grande garde.

Ce soir, *lui demanda Alibert !* oui F. répondit le général : *les 30 hussards que vous voulez que j'envoie seront pris ou égorgés.*

Je ne veux pas perdre le fruit de ma victoire, répliqua insolemment le général, d'ailleurs, placez-les où vous voudrez.

Alibert connoissant que le château du Bessay étoit une position dangereuse pour la cavalerie, sans infanterie, puisque le château est au milieu de bois épais et à deux lieues en avant de l'armée, ne voulut point exposer sa troupe au-delà d'une rivière, d'où la retraite pouvoit être coupée ; il fit donc placer les 30 hussards au Pont Mainclait de ce côté-ci de la rivière et des vedettes, en avant et de l'autre côté du pont, avec ordre de se retirer si l'ennemi avoit fait quelque mouvement pour faire une seconde attaque.

Le 13 août à 10 heures du soir, un habitant du village de Mareuil, vint au bois de Montdoré où étoit le bivouac des hussards, avertit le commandant que sa troupe étoit vendue aux rebelles et qu'elle devoit être égorgée la même nuit par 800 hommes de cavalerie.

Alibert envoya aussi-tôt une ordonnance au général Tuucq pour lui faire part de ce qu'il venoit d'apprendre, et lui demanda 50 chasseurs à pieds pour tenir les chemins couverts, et qu'il feroit soutenir par 50 hussards ce qui devenoit nécessaire.

La réponse de Tuucq fut ainsi conçue :

J'aime bien qu'un commandant d'hussards demande des chasseurs à pied pour se garder : qu'il se garde lui-même s'il veut.

Cette réponse donnoit un ridicule à la demande d'Alibert, tandis qu'il prenoit les moyens que sa position exigeoit, et que le devoir lui dictoit par les renseignemens qu'il avoit reçus d'une prochaine surprise, de la part des ennemis, qui ne cherchoient rien moins qu'à attaquer l'armée par derrière et sur plusieurs points, et s'emparer de Luçon, ce qui surprit et indigna Alibert, qui conçut pour ce général un vrai soupçon d'inexpérience ou de mauvaise foi.

Alibert dans ce cas se décida aussi-tôt, fit monter toute sa troupe à cheval, succéder des patrouilles alternativement, augmenta un poste de 24 hommes à l'embouchure du bois, plaça des vedettes aux différens debouchés, tendants à Mareuil, ce qui évitoit toute surprise de ce côté-là.

Vers les deux heures du matin il envoya un détachement de 30 hussards, commandés par un officier qui avertit d'abord que la cavalerie ennemie avoit passé en partie la rivière, mais qu'à la vue de nos troupes elle avoit rétrogradé au plus vîte. Le projet fut déconcerté, sans doute, mais ils ne laisserent pas de nous attaquer le même jour au nombre de 35 à 40,000 hommes.

L'armée républicaine prévenue de bonne heure étoit en bonne disposition, et repoussa l'ennemi avec chaleur, lui enleva 17 pièces de canon, au pont Mainclait. C'est là où Alibert, à la tête de ses hussards, eut son cheval tué sous lui, et reçut plusieurs contusions au flanc droit. Mais où étoit Tuncq dans l'action? il étoit de loin à contempler avec sécurité les succès d'une bataille, qui étoit le fruit des bons républicains, commandés par de bons chefs qui donnoient l'exemple par leur courage et leur valeur. Tuncq, sans expérience et sans courage, ne marchoit avec l'armée, que lorsqu'il n'y avoit aucun danger à courir.

Les brigands furent repoussés par les braves sans-culotes jusqu'au de-là de Chantonnai, et l'armée campa à une demi-lieue en avant.

Les rebelles mis en déroute dans cette journée avoient abandonné le château de Loie, (la conquête en étoit facile.) Le 17 environ 5 heures du matin, Tuncq marcha à la tête de l'avant-garde pour en faire l'expédition ; arrivé au château, il y entra escorté de ses aides de camp et de ses domestiques, accompagné du représentant, Bourdon de l'Oise ; l'avant-garde placée loin de-là, resta immobile, par l'ordre que donna le général, de ne laisser entrer aucun soldat, et en sortirent, après y avoir fait mettre le feu, chargés de butin ; ainsi ils déroberent à la république, ce qu'ils prenoient en son nom, et ce qu'ils devoient verser dans ses coffres.

Après cette expédition, on donna une fausse alerte en criant voilà l'ennemi. Tuncq monte aussi-tôt à cheval, ordonne de faire suivre l'armée, et part le premier ; il ne vouloit pas perdre le fruit de la conquête qu'il venoit de faire au château de Loye et un autre château qui subit le même sort ; il lui tardoit de déposer en lieu de sûreté, l'or et l'argenterie qu'il tenoit sous sa main; la déroute se mit complettement dans l'avant-garde qui fuyoit vers le camp ; la compagnie d'ouvriers jetta peles, pioches, haches, pour mieux courir ; les chefs de bataillon chercherent envain à y mettre l'ordre. Déjà la confusion propagea l'alarme au camp ; l'armée s'étoit ébranlée pour prendre la fuite. Il est d'usage et connu dans la marche militaire, lorsque l'armée marche en avant, les équipages vont en arrière ; les conducteurs des vivres et gros équipages, emmenoient avec précipitation leurs voitures sans être chargées, puisque les ballots de couvertes et les gros équipages étoient en garenne, déchargés depuis quelques jours sur le grand chemin et se seroient trouvés à la disposition de l'ennemi, si réellement il fut venu (ce qui s'est malheureusement réalisé le 5 septembre suivant où l'armée fut surprise et mise en déroute ; les rebelles crioient, rends-toi ; pateau ; Tuncq t'a vendu.) *Alibert* fut le premier à voler à la tête de la colonne qui fuyoit avec les voitures, et entraînée par un agent de Tuncq, un ci-devant administrateur de Fontenay, qui sortoit d'avec les rebelles; il le menaça de lui brûler la cervelle s'il ne s'arrêtoit; le prétendu fuyard répondit en bégayant et d'un air fort embarrassé, ce n'est pas moi qui l'ai commandé, mais soyez sûr que l'ennemi vient.

Alibert ne l'écouta pas, persista dans sa demande et fit rentrer avec ordre, les voitures dans Chantonnai, en dressa procès-verbal sur le champ, qu'il remit au général; ce dernier et les représentans l'en firent remercier par la voie du citoyen Garnier, adjudant-général.

Tuncq arrive au camp, jurant comme un diable, traitant les chefs de corps indignement, tandis que c'étoit lui seul qui avoit fait tout le mal; n'avoit-il pas donné l'exemple de la lâcheté? en partant ventre à terre à sa retraite, ne devoit-il pas s'assurer si l'ennemi venoit, et faire une retraite en ordre; mais il avoit ses raisons, il fit semer lui-même cette fausse épouvante, pour détourner l'œil des soldats, du pillage qu'il avoit fait et qu'il leur avoit promis, et sauver son butin.

Enfin le calme revint dans l'armée, avec l'aide des chefs qui désabuserent le soldat de la prétendue arrivée des ennemis, et elle a resté dans cette sécurité jusqu'à la fatale journée du 5 septembre, où l'armée fut surprise et mise totalement en déroute; ce qui ne doit pas surprendre, par la position de l'armée, et la conduite du général qui auroit dû consulter la carte et faire son devoir; pour lors il auroit vû qu'il étoit dans un pays couvert, entouré de bois et de 30 à 40 mille brigands; puisque l'armée campoit au milieu du pays insurgé, il devoit donc pour éviter toute surprise, et s'il eût voulu bien servir la république, envoyer des détachemens à *Chavanne, le Puis Billiard* sur la droite, et dans le contour de

Chantonnai et à la *Chaise, la Sérisière*; sur la gauche; le poste avancé étoit à *St. Vincent* occupé par les troupes légeres, l'armée étoit dans la plus grande sûreté, par ces moyens, un soldat de 15 jours les auroit pris; mais Tuncq, sans expérience, ne pouvoit être qu'un général dangereux. Continuellement livré aux plaisirs de la libation et à ses intérêts personnels, il ne s'occupoit qu'à faire des victimes de sa brutale passion, ceux qui auroient été lui faire la moindre représentation (ce qui est arrivé à plusieurs soldats et officiers de l'armée.) Le soldat murmuroit d'être mal conduit, mal gouverné par son général. Les vivres, les fourrages manquoient, il ne vouloit point de représentation à cet égard.

Alibert s'étoit permis quelquefois des observations sur l'inconduite de Tuncq, son inexpérience, sur la sécurité dans laquelle il laissoit l'armée; *Tuncq* en fut instruit, son orgueil en fut offensé, ce fut-là, la source des malheurs d'Alibert; Tuncq lui jura dès-lors une haine éternelle, il jura de le perdre, il épia l'occasion de satisfaire son ressentiment, il suivit avec férocité les impulsions de la vengeance; un acte de déférence et de subordination de la part d'Alibert, servit de prétexte à Tuncq pour assouvir sa passion. Tuncq le fit précipiter dans les prisons et suspendre de ses fonctions. Il associa Sollier à son sort pour avoir témoigné trop de sensibilité; ainsi il se défit de deux officiers dont l'exactitude et la surveillance étoient insupportables pour lui, etc. etc.

Observations

Observations sur la lettre de Philipeaux, écrite le 16 frimaire, au comité de salut public, relativement à la guerre de la Vendée.

Tous les hommes de bien rendent hommage à la scrupuleuse fidélité de mes récits, et aucun adversaire n'a osé les combattre, dit Philipeaux, en commençant sa lettre.

Philippeaux a fait un récit des événemens de la Vendée, dont il dit avoir été le témoin et qu'il a divisé en quatre parties, sous le nom de *compte rendu à la convention nationale*.

Cet ouvrage paroît respirer la haine et la passion, je suis forcé de le dire, et ceux qui l'ont lu, sont obligés d'en convenir. Il est écrit avec tant de fiel, qu'il a dû généralement exciter l'indignation ou la pitié. C'est par cette raison, sans doute, qu'aucune réponse n'y a été faite; et en cela on ne sait ce que l'on doit admirer davantage, ou la sagesse et la prudence des citoyens outragés dans cet ouvrage, ou l'audace avec laquelle on provoque à une lutte, dont il est impossible que Philippeaux sorte victorieux, puisqu'il n'a pas dit la vérité. D'après cela, Philippeaux doit-il trouver étrange la conduite de ceux qu'il a inculpés?

Les *hommes de bien*, dont on parle dans cet écrit, sont des individus, proscrits par l'opinion publique, et pour la plupart renfermés aujourd'hui dans les prisons. Ces hommes de bien ont excité d'une manière toute particuliere la sollicitude de Philippeaux. C'est pour les venger qu'il a entrepris de perdre ceux qui les ont démasqués; mais personne sans doute ne sera dupe de ce moyen usé, depuis si longtems.

Il faut cependant détruire les assertions ridicules

et fausses disséminées dans ces écrits ; il le faut ; pour rendre hommage à la vérité, pour faire connoître les intrigans, pour dessiller les yeux des citoyens que l'on pourroit égarer par de semblables rapports ; il le faut pour faire triompher le patriotisme, que l'aristocratie attaque de tous côtés, et sous toutes sortes de formes. Il le faut enfin, pour justifier le comité de salut public lui-même de l'inculpation la plus irréfléchie qui ait pu lui être faite; en lui disant : *Falloit-il donc 20 mille victimes, et la dévastation de trois nouveaux départemens, pour vous ouvrir les yeux sur la plus étonnante conspiration ?* Telles sont les expressions de Philippeaux, au comité de salut public.

Nous allons suivre pied-à-pied dans sa lettre, ce député qu'on aimeroit mieux croire égaré, que perfide.

Philippeaux, accuse *l'éternel Rossignol, d'avoir livré aux brigands une artillerie formidable, et d'avoir dévoré des trésors immenses.*

A-t-on jamais vu nulle part, a-t-il jamais été annoncé à la convention nationale, que Rossignol, général de l'armée qui vient d'anéantir les brigands, ait jamais livré à l'ennemi et nos trésors et une artillerie formidable ? Mais qu'a fait Rossignol à Philippeaux, pour s'attacher à sa perte, avec autant d'acharnement ? Le comité de salut public, la convention nationale n'eussent-ils pas depuis long-tems destitué ce général, si l'inculpation grave qui lui est faite si gratuitement, étoit appuyée sur la vérité, ou même sur le plus léger soupçon ?

Pourquoi les autres représentans du peuple, rendent-ils justice au patriote Rossignol, tandis qu'on se plaît à l'accuser avec autant d'assurance ? Pourquoi n'accuse-t-on pas aussi les représentans du peuple, témoins oculaires de la bonne conduite de Rossignol ? Pourquoi ne dit-on pas aussi qu'ils sont ses complices ? Il ne manqueroit plus que ce dernier trait à ces tableaux.

Il faut enfin, continue Philippeaux, *mettre un terme à cette impunité coupable qui scandalise toute la France, encourage tous les traîtres, tous les fripons, et soutient l'espoir des tyrans coalisés.*

Ne croiroit-on pas, en entendant ce langage, que Philippeaux n'ait dans cette dénonciation envisagé que le bien de la patrie? ne jureroit on pas que le sentiment le plus pur de l'amour de la vérité a dirigé sa conduite? eh bien, pourquoi si un sentiment si pur, a dû le diriger, a-t-il semé dans ses écrits tant de fiel? les dénonciations n'étoient-elles pas assez graves? comment se fait-il que si les délits dont on parle, existoient, l'impunité les eût toujours suivis de près? ne sont-ils pas de nature assez grave pour fixer d'une manière particulière les regards du législateur? accusera-t-on aussi de la même complicité la convention nationale? on ne peut jusque là, sans doute, porter l'inconséquence.

» La guerre de la Vendée, continue Philippeaux, » doit ses développemens et sa durée à une *conspiration manifeste*, dont *les acteurs* ont joui d'une » grande puissance, puisqu'ils ont associé *jusqu'au » gouvernement* à leurs horribles succès. Nos neveux auront peine à concevoir que tous les *généraux perfides ou lâches*, ou imbécilles, qui, dans » cette guerre ont poignardé la république, *jouissent » tous de la plus parfaite sécurité*, qu'aucun n'ait » été puni, que plusieurs au contraire soient *enivrés » de faveurs*, tandis que les braves et généreux militaires qui ont eu la *loyale bonhomie* de vouloir finir cette guerre, sont ou destitués, ou *mis dans » les fers*. L'armée sur qui les patriotes fondoient » leurs espérances, a *été proscrite* et *sacrifiée*; de » 15000 hommes elle est réduite à six; le plus grand » *nombre de ses chefs est immolé*; et le petit nombre » de ceux qui soutiennent encore son ancienne gloire » avec ses débris mutilés, est sous l'anathême des » *bureaux ministériels*.

Pour détourner les yeux de dessus les hommes vraiment dangereux, les *généraux ci-devant nobles*, Canclaux et Aubert du Bayet, Tuncq, etc, on s'est mis en tête de faire porter la conspiration, précisément sur ceux qui l'ont déjouée, sur ceux qui ont eu le courage de dénoncer les hommes vraiment perfides, qui de cette guerre malheureuse, avoient voulu faire un objet de spéculation, en la prolongeant, en l'éternisant.

Les acteurs de cette conspiration, dit Philippeaux, *ont joui d'une grande puissance*. Qui sont donc les prétendus acteurs de cette conspiration ? deux hommes reconnus par leur patriotisme brûlant, par leur haine implacable pour la tyrannie, l'intrigue, et l'aristocratie, deux hommes qui avoient mérité la confiance du comité de salut public, parce qu'ils agissoient révolutionnairement, en exécutant avec sévérité les décrets de la convention nationale; deux hommes enfin auxquels on fait un crime d'avoir trop de zèle, et trop de chaleur dans le patriotisme; (les généraux Ronsin et Rossignol) généraux qui n'ont jamais su ce que c'étoit que de composer avec l'aristocratie, comme ces généraux ex-nobles, qu'une politique mal entendue avoit laissés depuis trop longtems à la tête de nos armées.

Comment a-t-on pu se permettre de calomnier la convention nationale, et le comité de salut public, en disant que le gouvernement étoit associé aux horribles succès de ces deux généraux ? Pourquoi enfin n'a-t-on pas accusé aussi tous les François d'être les complices des horribles succès de ces prétendus conspirateurs? Il n'en coûtoit pas davantage. Ce n'est plus ici deux individus que Philippeaux calomnie, c'est le gouvernement qu'il accuse de complicité des horribles succès dont il parle; Philippeaux s'étonne que ces généraux sans-culottes jouissent d'une parfaite sécurité, et ne soient pas punis, tandis que ses bons amis Canclaux et Dubayet sont incarcérés, tandis que ces hommes qu'il dit avoir servi loyalement la république, sont destitués. Quelle prédilection pour des ex-nobles ? On voit bien que Philippeaux n'aime gueres les sans-culottes. Il prend trop de sollicitude pour les chefs corrompus d'une armée de braves gens, et qu'ils n'étoient pas dignes de commander ; mais il se fait des chimères qu'il veut ensuite persuader comme dés vérités, et ne sachant plus sur qui faire tomber son ressentiment,mal fondé sans doute,il s'en prend aux bureaux ministériels de la guerre ; il n'ose pas encore attaquer le vertueux Bouchotte ; mais peut-être espere-t-il d'y venir un jour ! car l'homme s'aveugle aisément, lorsqu'il se laisse diriger par la fougue de ses passions, et qu'il repousse loin de lui la vérité qui peut éclairer son âme.

Philippeaux dit que Tuncq à Chantonay, Canclaux à Saint-Symphorien, ont prouvé qu'avec peu de forces, on pouvoit mettre les brigands aux abois. Que cette vérité avoit fait frémir, et que les deux généraux avoient été destitués sur le champ de la victoire.

Ne croiroit-on pas effectivement, après cela, qu'on a commis la plus grande injustice envers ces deux généraux ? Mais lorsqu'on aura dit, lorsqu'on aura démontré, preuves en mains, que ces prétendues victoires citées avec tant de complaisance, ne sont rien moins que telles,et que ces mêmes troupes n'ont été portées en avant dans le pays que par une mauvaise combinaison, au moyen de laquelle on les a exposées à être sacrifiées, comme elles l'ont été quelques jours après, on ne sera pas peu étonné d'un pareil langage. Par quels ordres ces troupes s'étoient-elles enfoncées dans le pays ennemi ? Le général en chef Rossignol, chargé par le comité de salut public de ne faire aucun mouvement que l'armée ne soit réorganisée, et que celle de Mayence ne soit arrivée,avoit-il donné des ordres,pour faire marcher ces troupes? Non. Qui donc les avoit donnés? Bourdon de l'Oise; et la preuve en existe dans la correspondance du général Santerre, qui s'en est plaint dans le tems au général Rossignol, aussi-tôt après sa réintégration dans le grade de général en chef, et son arrivée à Saumur. Bourdon de l'Oise étoit-il général? Avoit-il le droit de faire mouvoir l'armée, lorsque sur-tout les ordres du comité de salut public s'y opposoient si formellement? Rossignol n'avoit-il pas signifié à tous les généraux qui étoient sous son commandement, les ordres du comité de salut public et du ministre de la guerre, donnés en conséquence? Qu'on interroge sur ces faits la division même commandée par Tuncq, qui a disparu de l'armée, dans le moment le plus critique, pour courir à la Rochelle; et sans doute ce n'étoit pas là son poste. On verra encore ce qu'on rapportera de Bourdon de l'Oise, à qui l'on reproche également d'avoir abandonné l'armée. On pourra citer un canonier (le citoyen le Trône) qui revient de la Vendée, et qui s'est trouvé à cette affaire, où il a été fait prisonnier; il s'en est expliqué formellement à la société des Cordeliers. Si c'est ainsi qu'on appelle mettre aux abois les brigands, il faut avouer que Philippeaux n'a pas de grandes connoissances de l'art militaire; il faut même convenir qu'il n'a pas vu de bien près les brigands, quoiqu'il ait dit dans un de ses rapports que le boulet avoit carressé son panache. Car certes, on ne pouvoit plus étrangément abuser la nation, que de lui dire qu'avec peu de forces on pouvoit réduire des armées de brigands qui occupoient quatre-vingt lieues de pays, auxquels il falloit couper toute communication avec les côtes maritimes, et empêcher de passer la Loire.

J'ai, comme Philippeaux, dans mon rapport sur la Vendée, dénoncé les traîtres généraux qui pouvoient terminer promptement cette guerre, et qui ne l'ont pas fait. J'ai dénonçé Berruyer, Leygonier,

Quétineau et Carra son protecteur, et Biron qui vient de périr sous le glaive de la loi ; mais je n'ai pas confondu avec des traitres ceux que j'ai vu servir avec zèle, avec activité la cause de la liberté ; et Philippeaux, qui a l'air d'ajouter tant de foi aux vertus des *nobles*, s'est empressé de ranger dans la classe des traîtres, Ronsin et Rossignol, parce que ces deux généraux ont su maintenir l'autorité du comité de salut public, et faire exécuter les loix de la convention nationale, rendues contre les rebelles de la Vendée ; parce que ces deux généraux, qui ne veulent que le bien de leur pays et l'établissement solide de la république, ont résisté aux demandes inconsidérées de Philippeaux, comme y ont également résisté ses collègues députés, stationnés à Saumur.

Si Philippeaux n'étoit pas aveuglé par les passions qui le dominent, il auroit mis un peu plus d'étude à arranger ses calomnies ; mais dès la troisième page de sa lettre, l'erreur dans laquelle il tombe, est si évidente, qu'elle saute aux yeux des moins clair voyants.

Il parle des *fripons de Tours et de Saumur, qui au milieu d'un luxe insolent sembloient ne viser qu'à grossir les dangers publics*, etc.

Remarquez que c'est des généraux Ronsin et Rossignol dont il veut parler, et que c'est à l'époque du mois de may.

Hé bien, la réponse à ce fait, est que Rossignol n'étoit point encore général, pas même général de brigade, à cette époque ; et que Ronsin étoit alors à Angers. Cependant Philippeaux dit *que le luxe asiatique de ces généraux, leurs orgies, tous les exemples de dissolution donnés aux soldats, etc. tout tendit à faire de nos armées une o[illegible] d'hommes, sans frein et sans courage, non m[illegible]doutables à l'habitant paisible que les rebelles e[illegible]mes.*

Rossignol ne fut fait général que vers la fin de juillet ; et c'est à cette époque qu'il vint résider à

Saumur, où le quartier général fut établi près les représentans du peuple.

Pour jetter une défaveur plus grande sur Ronsin et Rossignol : Philippeaux traite d'abord *l'état-major général et la commission centrale*, de *cour* de *Saumur*; il en conclut de là qu'on se livroit à toutes sortes d'orgies et de dissolutions ; mais rien de plus faux que l'assertion de Philippeaux.

A peine Rossignol fut-il nommé général, grade qu'il ne vouloit point accepter, et qu'il n'ambitionna jamais, fardeau dont il ne se chargea enfin qu'à la sollicitation des patriotes, qui lui promirent de l'aider dans ses travaux, à peine dis-je, eut-il accepté, qu'il réforma l'état-major ancien pour le composer de sans-culottes pris parmi les soldats de l'armée. Le général étoit sans-culotte ; il falloit que son état-major le fût aussi. Un décret de la convention avoit ordonné le renouvellement des états-majors ; Rossignol ne savoit qu'obéir.

La table de ce général, loin d'être somptueuse, étoit celle d'un soldat, et toute l'armée le certifiera. Il n'y avoit pas de commandant de corps, de petits commissaires des guerres, etc, qui n'eût une table infiniment meilleure que la sienne. Il mangeoit avec tous les soldats qui composoient l'état-major ; il étoit au milieu d'eux comme un père au sein de sa famille. Un potage, du bouilli, quelques légumes, voilà la composition de sa table, le soir on étoit traité de même, à peine quelquefois y avoit-il suffisamment pour tout le monde. on s'arrachoit souvent les morçeaux, une nape toujours très sale, point de chandeliers, des bouteilles en tenoient lieu ; un vin détestable auquel on préféroit l'eau, est-ce là du luxe ? Sont-ce là des orgies ?

Philip[illegible] n'a-t-il pas été trompé par de faux rappor[illegible]-t-il pas vu une fois cette table de sans-culottes [illegible] cependant à l'entendre, le plus grand luxe scandalisoit l'armée. On peut appeller en témoignage de la vérité les représentans du peuple Richard, Choudieu, Bourbotte, Tureau, qui s'expliqueront sur tous ces faits.

Quand on échafaude une dénonciation aussi ridicule sur des absurdités semblables, on se croit en droit de dire tout ce que l'imagination égarée peut dicter. Il est presque ridicule de répondre à tant de folies, auxquelles les hommes justes et sages ne croient point.

J'ajouterai cependant que Rossignol étoit le pere des soldats : qu'on consulte la 35e. division de gendarmerie dont il a été le chef, on verra combien il y est estimé. Qu'on consulte l'armée, et les patriotes de Saumur, on verra combien il y étoit aimé ; on verra si l'armée que Philippeaux inculpe si gratuitement, a fait trembler l'habitant paisible, en se conduisant à son égard, comme les rebelles même. Cette armée, ainsi que le général, n'a fait trembler que les aristocrates. Il n'y a qu'eux et ceux qui les protegent, qui puissent tenir de pareil langage. Passons aux faits.

Tuncq, le protégé de Bourdon de l'Oise et de Goupilleau, est appellé par Philippeaux, un brave sans-culotte qui a toujours bien servi sa patrie. J'ai déjà dit, que Philippeaux paroissoit ne vouloir donner qu'aux comtes, aux marquis, aux barons, le titre de sans-culottes qu'il affectoit de refuser aux vrais sans-culottes. (Je renvoie pour les détails sur Tuncq, à l'écrit de Daubigny, adjoint au ministre de la guerre.)

Aulieu de se vautrer dans les plus fangeuses débauches, Tuncq, dit Philippeaux, *bivouaque avec le soldat qu'il accoutume a la fatigue et remporte des victoires.*

On dira peut-être aussi que Tuncq et Bourdon de l'Oise ne s'enivroient jamais ; quand la division de Luçon leur reproche de s'être portés à cet égard à de grands excès. Mais encore une fois, il faut bien que Philippeaux, d'après son systéme suivi d'erreur ou de calomnie, prête aux sans-culottes qu'il dénonce, les torts de ceux qu'il veut protéger. *Tuncq* remporte des victoires! Mais quelles victoires! Il sacrifie les divisions qu'il commande à un succès éphémère, et Philippeaux appelle cela des victoires!

Philippeaux pour couvrir les fautes de Tuncq, dit, *qu'après trois victoires importantes, on espéroit, qu'en tenant les autres colonnes éloignées et immobiles ce général seroit accablé.* Mais Philippeaux avoit-il donc oublié que Tuncq ne devoit faire aucun mouvement de son chef, surtout lorsque des ordres du comité de salut public s'y opposoient formellement? A-t-il oublié que Bourdon de l'Oise et Goupilleau de Fontenay n'avoient pas le droit de commander aucun mouvement, dans les circonstances surtout où l'armée se trouvoit?

C'est par une conduite aussi inconsidérée, aussi peu réfléchie que le salut des troupes de la république a été compromis; car cette division s'étant trop avancée dans le pays ennemi, et se trouvant trop à découvert de droite et de gauche, nécessairement elle pouvoit être cernée et coupée; aussi, cela est-il arrivé, malgré que le général Chalbos ait fait avancer 4000 hommes à Fontenay, pour soutenir, au besoin, l'armée de Chantonay; ainsi l'on voit évidemment combien sont coupables Tuncq, Bourdon de l'Oise et Goupilleau de Fontenay, d'avoir au mépris des ordres du général en chef et du comité de salut public, exposé cette division, en l'isolant du reste de l'armée; on saura que cette armée ne tiroit ses vivres que de Niort, dont elle étoit éloignée de quinze lieues, et que par une tactique coupable, ou inepte, on lui faisoit faire des mouvemens, sans en prévenir les commissaires des guerres, ainsi que cela se pratique.

Une telle conduite devoit-elle rester dans l'oubli? Non. Des républicains eussent trahi leur patrie, en n'en avertissant pas le comité de salut public; aussi le général Ronsin qui ne vouloit pas partager les fautes graves de tant d'individus, s'empressa-t-il d'éclairer le comité de salut public et le conseil exécutif sur la conduite de Tuncq et celle des deux représentans Bourdon de l'Oise et Goupilleau de Fontenay; c'est à cette époque, et ceci est à remarquer, que ces réprésentans suspendirent si illégalement de ses fonctions, le général Rossignol, afin de se débarasser d'un argus qui les gênoit; ils le suspendirent, au moment où il alloit faire attaquer l'ennemi en masse, d'après les ordres du comité de salut public, au moment où il visitoit l'armée, lui-même, pour la disposer au combat, Ainsi les échecs que dans cet intervalle de tems, la division de Tuncq a reçus, doivent être uniquement attribués à Tuncq, Bourdon de l'Oise et Goupilleau de Fontenay. Il faut que Philipeaux soit bien mal instruit pour ne pas accuser de ces maux leurs véritables auteurs.

Philipeaux nous fait connoître pourquoi il a pris tant d'humeur, contre le général Ronsin, en disant *que celui-ci s'est remué dans tous les sens pour obtenir qu'aucun représentant du peuple ne seroit plus envoyé auprès des armées*. Philipeaux, vous n'êtes pas exact : le systême républicain devroit avoir changé les anciennes habitudes. Ronsin n'a pas demandé qu'on n'envoyât aucun représentant auprès des armées, mais bien aucun représentant dans son département, à cause du danger des considérations particulières de localité. La convention nationale d'ailleurs l'a décrété, sur la proposition de Bourbotte et de plusieurs autres députés, dans la séance du jeudi 29 août. Le comité de salut public pouvoit-il laisser plus longtems auprès de l'armée des représentans qui méconnoissoient jusqu'à l'autorité de la convention nationale? N'est-ce déjà pas assez de leur avoir fait grace ? Faut-il opprimer Ronsin pour les fautes de Tuncq, de Bourdon de l'Oise, de Goupilleau de Fontenay et les calomnies de Philippeaux ! Faut-il que ceux qui ont le mieux rempli leurs devoirs à la Vendée, soient accusés pour avoir accéléré la destruction des brigands que des généraux perfides avoient jusques-là menagés ?

Philippeaux, passant ensuite à Rey son protégé, cherche à justifier sa conduite sur la marche la plus inconséquente qu'il avoit entreprise sans les ordres du général en chef, et contre le vœu du comité de salut public; car enfin il ne faut pas se dissimuler, que c'est le comité de salut public que Philippeaux inculpe, c'est à lui qu'il reproche le sang des patriotes. Ne reconnoit-on pas à ces traits la même main qui n'aguerre demandoit le renouvellement de ses membres ? Rossignol devoit il enfin permettre qu'on méprisât les ordres du comité de salut public ? Non sans doute; et il se seroit rendu infiniment coupable, s'il l'eût souffert.

Au surplus on voit déjà que ce sont de très-mauvaises querelles que l'on cherche à Rossignol et à Ronsin, ainsi qu'aux agens surveillans et actifs qui ont fait par-tout respecter la convention, la liberté et l'égalité, qui ont fait trembler l'aristocratie, et tomber la tête des scélérats. Cependant ces calomnies ne sont pas de nature à être oubliées si facilement; car enfin si pour récompense de leurs travaux, les patriotes pouvoient être impunément calomniés par les intrigans, où en serions-nous réduits ? La justice doit exister par dessus tout dans une république; et la justice doit servir d'égide à la vertu, en ne frappant que le crime.

Deux généraux seuls, ajoute Philippeaux, *ont fait leur devoir dans la Vendée; le reste n'a fait que trahir.* Savez-vous qui sont les généraux dont parle Philippeaux ? Ce sont deux nobles, messieurs Canclaux et Aubert du Bayet, que l'on connoit bien.

Il est inutile sur ce fait de se permettre la moindre réfléxion. On ne conçoit pas comment un législateur a pu jusqu'à ce point oublier tout sentiment de pudeur.

Philippeaux continue toujours sur le même ton d'inexactitude. En parlant du traître Beisser, il accuse la convention de l'avoir rétabli dans son grade de général etc.

Nous apprendrons à Philippeaux que les représentans du peuple Richard, Choudieu, Tallien, qui étoient à Angers, instruits que Beysser se fédéralisoit à Nantes, avec des scélérats auxquels on a trop légérement pardonné, et qu'il avoit arrêté les vivres de l'armée d'Ancenis, le dénoncerent aussitôt au comité de salut public. Nous le dénonçâmes aussi; et nous n'apprîmes pas sans un sentiment profond de douleur qu'on l'eût réintégré : mais bientôt le traître a été arrêté de nouveau par les ordres du comité de salut public, et c'est Rossignol qui a fait exécuter ces ordres, en le faisant saisir, au milieu même de l'armée qu'il commandoit, et l'a fait conduire ensuite sous bonne et sûre garde à Paris.

Philippeaux dit que *les déroutes de Beysser, se combinent parfaitement bien avec les retraites perfides que le général Rossignol a ordonnées le 17 aux divisions de la Chataigneray, etc.*

Cette inculpation très-grave en elle-même, est la base des atrocités répandues contre Rossignol, par tous les ennemis du bien public; ou, du moins, c'est le prétexte dont des hommes bien coupables ont osé se servir.

Il n'y a qu'un mot à répondre : Montrez donc cet ordre de rétrograder. Prendrez-vous pour tel une lettre que Philippeaux a placée dans un de ces rapports, et qu'il cite comme l'ordre donné de rétrograder? Y a-t-il dans cette lettre un seul mot qui présente ce sens? Accusera-t-on enfin sans pudeur Rossignol de toutes les fautes qu'auront commises tous les agens de l'armée, quand lui-même étoit si strict à faire exécuter les ordres du comité de salut public, et si circonspect dans sa conduite ? Que l'on consulte les représentans du peuple qui étoient à Saumur, et on verra si cette inculpation est fondée ; on verra si le général Chalbos saisissant mal le sens de cette lettre, n'a pas manqué à son devoir, et aux représentans du peuple eux-mêmes qui étoient auprès de lui, en refusant de suivre leur avis. Ces représentans n'avoient point vu dans cette lettre un ordre de rétrograder. Cet ordre n'existoit pas ; et néanmoins Chalbos l'a prétendu. C'étoit une très-grande faute ; mais les événemens qui ne peuvent se calculer, se prévoir, heureusement ont justifié la conduite de Rossignol. Il a résisté à tous les orages, à tous les pièges, à toutes les calomnies.

On trouvera à la suite de ces observations des pièces de conviction.

Une longue diatribe n'est point la preuve d'un fait. *Philippeaux dit que les machinations de Ronsin et de Rossignol se sont opposées au plan sage et adopté unanimement par les généraux et les représentans, et que la cour de Saumur y a apposé un véto criminel, en ne secondant pas les efforts de l'armée de Mayence.*

Philippeaux persiste dans la même infidélité ; mais ce qui est bien étonnant ; c'est que ce député qui n'a vu la guerre de la Vendée qu'en chaise de poste, (comme on l'a fort bien observé), parle avec autant d'assurance que s'il se fût trouvé à toutes les actions. Jamais Ronsin ni Rossignol ne se sont opposés à l'exécution d'un plan arrêté définitivement ; ils l'ont combattu dans la discussion ; ils en avoient le droit ; d'autres l'ont fait également ; bien plus ils avoient raison de le faire, puisque ce plan, uniquement arrêté par des vues et des considérations particulières, ne pouvoit remplir le vœu du comité de salut public, qui vouloit la destruction de la Vendée, et non la défense particulière de telle ou telle place ; néanmoins Ronsin et Rossignol ont concouru de tout leur pouvoir à l'exécution de ce plan ; ils ont secondé de tous leurs efforts l'armée de Mayence ; mais l'ennemi se jettoit en masse sur l'armée de Saumur ; il n'osoit se mesurer d'abord avec l'armée de Mayence devant laquelle il fuyoit ; et les généraux de cette armée, écrivant à Rossignol, lui demandoient où étoit l'ennemi. Celui-ci leur répondoit : l'ennemi est sur moi ; il falloit donc bien que l'armée de Saumur se mît sur la défensive pour garantir les passages de la Loire, pendant que l'armée de Mayence avanceroit, et viendroit se réunit à elle ; et si alors l'ennemi épouvanté, se jettant en masse sur Rossignol, n'a pu forcer les passages de la Loire ; c'est à la conduite de Ronsin et de Rossignol que la république doit ce succès. C'est ce que l'on verra aisément dans la correspondance de Rossignol, Cette correspondance seule répond victorieusement à tant de calomnies. Je l'ai engagé dans le tems à la faire transcrire pour en envoyer copie certifiée au comité de salut public.

Philipeaux trouve mauvais que le comité de salut public ait nommé depuis Rossignol général en chef de l'armée des côtes de Brest, et que Ronsin ait été nommé général de l'armée révolutionnaire, et qu'on ait destitué ses chers Canclaux et du Bayet qui toujours braves, toujours victorieux avoient soutenu seuls l'honneur de la république. Qui ne voit, dans ces expressions le sentiment profond de douleur qui a affecté Philipeaux, lors de cette destitution ? Qui ne voit dans ces expressions la censure la plus amère de la conduite républicaine du comité de salut public, dont la sagesse des plans a sauvé la république et detruit la Vendée ? On sent aisément que c'est avoir répondu à cette inculpation, que d'opposer aux dires de Philippeaux, la conduite du comité de salut public.

On ne sait, ajoute Philipeaux, *quelle sorte d'impulsion sympatique a dirigé les brigands vers le célèbre Rossignol qui les a reçus à son ordinaire, en faisant battre constamment l'armée républicaine; leur livrant nos fusils, canons, munitions et bagages, et fixant autour de lui-même un théâtre de désolation et de désespoir.*

Toujours de nouvelles erreurs : que doit-on y opposer? les victoires de Rossignol, et la destruction de la Vendée. Quelles batailles Rossignol a-t-il perdues? Parlera-t-on toujours des échecs qu'on ne doit attribuer qu'à ceux qui ont méconnu les ordres du général en chef et du comité de salut public? La correspondance de Rossignol à cet égard, apprendra bien des choses.

Citoyens collègues, continue Philipeaux, en s'adressant au comité de salut public, *quel est donc le génie malfaisant qui a pu vous faire trahir les destinées de la république, en les confiant à un homme tel que Rossignol*, etc. etc. etc.

Le comité de salut public si fortement inculpé ne sera point embarrassé dans sa réponse. Il n'a qu'à dire : *j'ai détruit la Vendée et sauvé la république.*

Qu'a fait Ronsin, ajoute Philipeaux, *pour être général de l'armée révolutionnaire? beaucoup volé, beaucoup intrigué? s'être tenu caché dans une étable, comme un lâche coquin, à deux lieues du champ de bataille.*

Un homme sage, qui ne dénonce des faits graves, que par amour pour le salut de son pays, s'abandonne-t-il à des expressions qui ne respirent que la haine et la vengeance? non sans doute; et ce n'est point là le caractère du vrai républicain.

Ronsin a déja répondu à cette calomnie. J'ajouterai que Ronsin avec trois mille hommes a chassé sept mille brigands de Doué, après en avoir tué

six

six cent et fait cinquante trois prisonniers, à l'époque même, où Philippeaux dit qu'il s'est caché, comme un *lâche coquin dans une étable.*

Qu'ont fait Canclaux et du Bayet pour être destitués ? Philipeaux va le savoir. Le comité de salut public, qui a en mains les preuves de la conduite incivique de ces deux ex-nobles, peut répondre à Philipeaux : *nous avons conservé les généraux sans-culottes, destitué les nobles*, et la Vendée a été détruite.

Le reste de la lettre est une série de diatribes contre les meilleurs patriotes de l'armée. On ne doit pas y répondre. Les actions des patriotes sont au grand jour, et la république n'a été établie que par ce qu'ils ont fait pour renverser le trône, et par ce qu'ils continueront de faire pour le bonheur de leurs concitoyens, et le maintien des principes de la liberté et de l'égalité.

Mes observations sur la lettre de Philippeaux se terminent à l'époque, où j'ai quitté la Vendée, pour rentrer dans l'administration du département de Paris. A cette époque les brigands étoient battus de tous côtés, Chollet, Mortagne, Montaigu, etc. tout étoit pris par les armées de la république ; tous nos prisonniers délivrés. Depuis on a achevé de les détruire, et néanmoins Philippeaux rappellé depuis très-long-tems, censure avec une assurance inconcevable toutes les actions de Rossignol ; il paroît blâmer jusqu'à ses victoires, et néanmoins la Vendée est détruite.

Le comité de salut public a continué de rendre au patriotisme de Rossignol la justice qui lui étoit due, On ne peut d'après cela se dissimuler que Philippeaux, sert parfaitement bien la coalition formée contre les plus chauds patriotes, et particulièrement contre le comité de salut public, dont les mesures sages, je le repète, viennent de sauver la France, et de rendre Toulon à la république.

Philipeaux attaque aussi Vincent, ce patriote ardent, pur, opprimé un instant par une intrigue, dont l'existence précaire sera bientôt anéantie sans doute.

Le Vasseur, député à la convention nationale, a donné à Philipeaux un démenti formel sur les inculpations que celui-ci avoit hasardées contre Vincent.

Pour répondre encore d'une manière plus victorieuse à tes inculpations, Philipeaux, appuie la demande des patriotes qui sollicitent depuis longtemps l'envoi de Vincent au tribunal révolutionnaire? Que sa tête tombe, s'il est coupable; mais aussi s'il est innocent, comme nous aimons à le croire, que sa justification fasse pâlir ses calomniateurs, que la justice n'épargne aucun traître.

Philipeaux vient de faire une nouvelle brochure distribuée avec profusion; elle est la répétition de sa lettre au comité de salut public. D'Aubigny dans un écrit adressé à Philipeaux, répond à ses calomnies contre Ronsin, Rossignol et Vincent, d'une manière péremptoire; il y démasque sur-tout, pièces en mains, le protégé de Philipeaux. D'après cela on peut juger Philipeaux, et l'intrigue qu'il sert si bien.

J'apprends à l'instant, par un gendarme de la trente-cinquième division, que Rossignol s'est battu comme un enragé, que son cheval a reçu sept coups de feu à la bataille de Pont-Courson; qu'il a chargé l'ennemi à la tête de la cavalerie; hé bien, ce brave homme ne se vante pas; il ne parle pas même de ses succès et de ses victoires. C'est le soldat qui a vaincu, disoit-il toujours, et non le général. Il est tems de rendre aux soldats les tributs d'éloges dus à leurs vertus, à leur courage. Le général n'est rien sans le soldat .. ce n'est qu'un individu, et le soldat est tout.... Telles sont les expressions familières de Rossignol

---

De l'Imprimerie de Momoro, rue de la Harpe, N°. 171.

www.ingramcontent.com/pod-product-compliance
Ingram Content Group UK Ltd.
Pitfield, Milton Keynes, MK11 3LW, UK
UKHW031053260726
13965UKWH00006B/1366

9 782013 049337